天地有正气

杭州市社会科学界联合会
宋·韵·文·化
普及项目

学

编著

浙江少年儿童出版社

图书在版编目（CIP）数据

宋学 天地有正气/何俊编著. —杭州：浙江少年儿童出版社，2023.4
（写给孩子的宋韵百讲）
ISBN 978-7-5597-3048-0

Ⅰ.①宋… Ⅱ.①何… Ⅲ.①理学－中国－宋代－少儿读物 Ⅳ.①B244.05-49

中国版本图书馆CIP数据核字（2022）第250345号

责任编辑　潘祎丹
美术编辑　陈月儿
封面设计　灰间丸子
书名字体设计　潘　洋
内文插图　石威丽
责任校对　马樱滨
责任印制　王　振

写给孩子的宋韵百讲

宋学 天地有正气

SONGXUE TIANDI YOU ZHENGQI

何俊　编著

浙江少年儿童出版社出版发行
（杭州市天目山路40号）
浙江新华数码印务有限公司印刷　全国各地新华书店经销
开本 850mm×1300mm　1/32　印张 5.125　印数 1—5000
2023年4月第1版　2023年4月第1次印刷

ISBN 978-7-5597-3048-0　　　　定价：34.00元

（如有印装质量问题，影响阅读，请与购买书店或承印厂联系调换。）
承印厂联系电话：0571-85155604

总　序

亲爱的小朋友，很高兴我们一起来欣赏宋韵。

什么是宋韵？宋韵就是宋代文化的华美乐章。

宋代容易理解，它包含中国历史上的两个朝代：北宋（960—1127）与南宋（1127—1279）。北宋的都城在开封，当时叫汴京，北宋的疆域包括了北方与南方。南宋的都城在杭州，那时叫临安，南宋的疆域是在长江以南。

文化比较难解释，可以把它理解为一群人拥有的一整套生活方式。比如吃穿住行；再比如各种组织，就像读书的学校，学校里有不同的年级，每个年级有不同的班；然后就是精神上的许多内容，比如唱的歌、玩的游戏，当然还有更为复杂的知识。当所有这一切形成一整套系统且传了几代人，那就是这几代人的文化了。

每个时代的文化都有自己的特征。在中国历史上，宋代文化极具典型性，既丰富又和谐。当人们感受宋代文化的丰富与和谐时，就好像在欣赏很有韵味的乐章，所以我们把宋代文化的华美乐章形容成"宋韵"。

宋韵由许多乐章组成，每一乐章又有许多分支。这里，我们只选取四个乐章：宋学、宋词、宋画、宋苑。每一乐章各精选了二十五个主题，有些是壮美的，有些是优美的，各自不同，一起汇成了美妙的宋韵。

让我们走入宋代文化的宝殿，一起感受宋韵之美。

何俊

目　录

宋学 —— 人文与理性的碰撞 ⋯⋯⋯⋯⋯⋯⋯⋯⋯⋯ 001

范仲淹 —— 先忧后乐的济世情怀 ⋯⋯⋯⋯⋯⋯⋯⋯ 005

胡瑗 —— 倡导"明体达用"的教育家 ⋯⋯⋯⋯⋯⋯ 011

欧阳修 —— 北宋古文运动的领袖 ⋯⋯⋯⋯⋯⋯⋯⋯ 015

邵雍 —— 诗意盎然的理学家 ⋯⋯⋯⋯⋯⋯⋯⋯⋯⋯ 021

周敦颐 —— "出淤泥而不染"的道学宗师 ⋯⋯⋯⋯ 027

司马光 —— 中国古代史苑的巨星 ⋯⋯⋯⋯⋯⋯⋯⋯ 033

张载 —— 关学创立者的"四为"精神 ⋯⋯⋯⋯⋯⋯ 039

王安石 —— 大道独行的改革家 ⋯⋯⋯⋯⋯⋯⋯⋯⋯ 045

二程 —— 洛学兄弟的异与同	051
三苏 —— 一门父子三文豪	059
杨时 —— 北宋理学南传的关键人物	065
胡安国 —— 深究《春秋》的湖湘学派鼻祖	071
胡宏 —— 湖湘学派理论体系的奠基人	077
朱熹 —— 集宋代理学之大成者	083
张栻 —— 忧国忧民的湖湘学派学者	089
吕祖谦 —— 史学见长的金华学派鼻祖	095
陆九渊 —— "发明本心"的心学宗师	101
杨简 —— 浙江的心学传承人	107
陈亮 —— 主张"事功"的永康学派学者	113
叶适 —— 反对空谈性理的永嘉学派学者	119
黄干 —— 朱子后学的领军人物	125
真德秀 —— 力扶理学的西山学派学者	131
魏了翁 —— 理学思想官学化的推动者	137
黄震 —— 提倡"知行合一"的理学家	143
文天祥 —— 正气浩然的爱国名相	149

宋学——人文与理性的碰撞

宋代以后，直到近代中国迎来始于西方的现代化，元、明、清一直按照宋代形成的知识与观念来生活，这套知识与观念成为我们接受与开启现代化的基础。很长时间以来，我们以为中国的现代化应该完全与西方一样，而且还必须完全抛弃我们原来的生活方式，以及背后的知识与观念。但是，我们现在渐渐知道，一方面，西方的现代化并不是完全一样的，而是不断变化的，并且也是丰富多样的；另一方面，中国的现代化既不可能，也不应该与西方一模一样，中国的现代化与我们自己的传统是有关系的，这个传统的核心首先就是宋学。

那么，宋学又有什么特点呢？这个问题很复杂，我们只能大致讲一下。

首先，宋代形成知识与观念的方法与以前的汉唐有了很大的不同。汉唐的方法比较强调权威，重视信仰的世界；宋代的方法比较强调理性，重视世俗的生活。清代人为了说明这个不同，特意把汉唐的知识与观念称作"汉学"，把宋代的知识与观念称作"宋学"。宋学强调理性、重视人文，因此宋学注重观察与分析，希望通过观察与分析去认识世界万物存在与展开的道理，并用这样的道理来安排人的生活。

其次，宋学形成的知识与观念有完整的一套体系与概念。比如，"气"是万物存在的物质与能量；"理"是气运行的规则与路径；万物在气的运行中形成，理相应地成为万物内在的"性"，一物有一物的性，人也有自己的性；万物与人都因为气的聚与散而形成与消亡，从形成到消亡的过程便是自然赋予万物与人的"命"；人有精神性的"心"，心因为人受到各种境遇的影响而产生"情"，但心又同时受到性的影响；等等。这些概念虽然都为学者们使用，但不同的学者有不同的解释，重心也有不同，因此形成各种观点，彼此相互争论。

再次，宋学以为自己的知识与观念是接着孔孟的儒学传统展开的，形成了以孔孟为中心的知识文本。

孔孟的儒学传统是对上古文明与文化的总结，"六经"是知识与观念的载体，既是上古生活的事实梳理，又是经验与教训的价值判断，但是比较散，又太久远，因此宋学以孔孟为中心，形成了"四书"的知识文本，作为进入"六经"的初阶。宋学的知识与观念常常围绕着"四书"与"六经"的理解来展开。

最后，宋学的全部目的是希望每个人通过知识与观念的习得成为充实而光辉的人，每个家庭与整个社会也因此安康与和平，世界万物是和谐的存在。显然，这是一个非常高远的理想。在充满冲突甚至强暴的现实世界中，究竟从哪里开始努力？又怎样努力？宋学中的每个学者、每个学派都尝试着给出自己的探索，做出自己的实践，有的甚至不惜付出自己的生命，像文天祥。

为了比较清楚地介绍宋学的形成与展开，在本册中，我们选择了25位两宋的学者。其中，北宋时期涵盖了初期宋学开创的代表人物范仲淹、胡瑗、欧阳修，中期宋学核心代表北宋五子邵雍、周敦颐、张载、程颢、程颐，以及他们同时期的其他学派代表，如朔学的司马光、新学的王安石、蜀学的三苏（指苏洵、苏轼、苏辙）。在北南宋的变化时期，介绍了杨时与胡安国、胡宏父子。南宋时期主要介绍了理学的集大成者朱熹，以及与他相互论学的张栻、吕祖谦，同时介绍了对朱熹学术思想提出挑战的心学思想家陆九渊、事功学思想家陈亮与叶适。在后朱熹时代，主要介绍了朱熹、陆九渊的几位代表性弟子传人，杨简、黄干、真德秀、魏了翁、黄震。最后以宋学的忠诚践行者文天祥结束。

  希望这个非常简约的介绍，能帮助读者更好地进入宋学的天地。

何　俊

范仲淹——先忧后乐的济世情怀

960年,赵匡胤发动陈桥兵变,取代后周,建立北宋王朝,标志着从晚唐到五代长达近百年的黑暗时代的结束。在此形势下,亟待新的学术文化和观念的出现,以纠正日益浮华的学风与刻薄的礼俗。时势巨变的趋势把范仲淹推向历史变革的潮头,他以自己风光霁月的人格,为后来的理学家群体树立了一个典范。

范仲淹(989—1052),字希文,苏州吴县(今江苏苏州)人,北宋政治家、文学家,人称"范文正公"。范仲淹年少时家庭贫苦,经常食不果腹。他曾将煮熟的粟米粥倒入碗中放一夜,待粥凝结后用刀划为四块,早晚吃饭时各取两块,又将腌菜切碎并加入少许盐配合着粥一起吃。这就是"断齑画粥"的故事。

范仲淹刻苦读书,终于在宋真宗大中祥符八年(1015)中了进士,被朝廷授予官职。天圣七年(1029)时,宋仁宗要率领百官在大殿上为临朝辅政的太后刘氏祝寿，范仲淹直言进谏说"奉亲于内，自有家人礼，顾与百官同列，南面而朝之，不可为后世法"，认为向太后祝寿应用家人的私礼，率领百官朝拜是朝廷的公礼，二者不能混同。范仲淹因言获罪，被外放到地方上任职。

数年之后，范仲淹回到京城。当时宰相吕夷简专政，范仲淹将宰相任人唯亲的情况绘制成一份《百官图》呈献给皇帝，并连续四次上书指斥吕夷简用人不公，贤才不能上进，因而他被宰相以勾结朋党的罪名排挤到江西任职。

被贬之后，友人梅尧臣作《灵乌赋》来劝诫范仲淹审时度势，不要明知不可为还执意进谏，不然就会像乌鸦一样被人认为是凶事的源头，受人指责，陷入危险。范仲淹则回赠友人一篇《灵乌赋》来表明志向。他认为乌鸦托养于主人家的树而存活，自然会有报恩的心。虽然乌鸦的叫声奇怪，但是可以在祸患还没发生时警示人们。乌鸦鸣叫会使自身受到灾祸，不鸣叫主人就会受到灾祸，所以它"宁鸣而死，不默而生"。范仲淹将自己比作灵乌，表明了自己不计利害、舍生取义的志向。他秉持公心、敢于进谏的风范由此可观。

后来西夏叛乱，朝廷召范仲淹去西北主持军事。范仲淹根据情势变更军队的制度，大兴营田，安抚羌族各部落，抵御住了西夏李元昊的进攻，为之后双方的和谈创造了条件。庆历三年（1043），宋仁宗将他召回朝廷，升迁他为参知政事，让他与富弼、韩琦一同成为执政宰相。他向宋仁宗上呈《答手诏条陈十事》，提出了明黜陟、抑侥幸、均公田、厚农桑等十项整顿政事的主张。宋仁宗将其颁行天下，逐步实施，后世称之为"庆历新政"。但因为朝廷中的反对意见众多，范仲淹不得已请求外任。自此之后，范仲淹就再没有回到朝廷。宋仁宗皇祐四年（1052），他病逝于赴任颍州的途中。

在邓州任职期间，范仲淹接受了任岳州知州的友人滕宗谅的邀请，为重修后的岳阳楼写一篇记文。岳阳楼在洞庭湖畔，范仲淹并没有到过那里，于是他用滕宗谅送来的《洞庭晚秋图》借图临景，写下了《岳阳楼记》。在述说洞庭湖盛景对人情哀乐的感发之后，他道出了自己"先忧后乐"的仁者情怀。

《岳阳楼记》首先交代了范仲淹接受滕宗谅写作邀请的过程，之后就描述了在阴雨连绵、阳光明媚两种天气之下洞庭湖的不同景致及其对人的触动。在阴雨天，洞庭湖一片死气沉沉的景象：

> 若夫淫雨霏霏，连月不开，阴风怒号，浊浪排空，日星隐曜，山岳潜形，商旅不行，樯倾楫摧，薄暮冥冥，虎啸猿啼。登斯楼也，则有去国怀乡，忧谗畏讥，满目萧然，感极而悲者矣。

在阴雨连绵、风浪呼啸的时候，洞庭湖上日星暗淡、高山遁形、船舶不通，暮色昏暗之下，虎啸猿啼之声也不绝于耳。古人认为不同景色能够触发人的不同情感，而岳阳楼又处在"北通巫峡，南极潇湘"的水路要道，被贬谪的官员和文人墨客经常路过这里，所以范仲淹认为如果他们登楼观看这萧瑟景致，也必然生出远离故土、忧心荣辱的悲情。

而到了晴天，洞庭湖却是另一番生机盎然的景象：

> 至若春和景明，波澜不惊，上下天光，一碧万顷，沙鸥翔集，锦鳞游泳，岸芷汀兰，郁郁青青。而或长烟一空，皓月千里，浮光跃金，静影沉璧，渔歌互答，此乐何极！登斯楼也，则有心旷神怡，宠辱偕忘，把酒临风，其喜洋洋者矣。

阳光明媚的春日，洞庭湖面湖色翠绿、水鸟云集，岸边草木也郁郁青青。到了月光皎洁的晚上，湖上渔人的歌声相互唱和。如果在此时登上岳阳楼，人们必然会被这轻松欢快的氛围打动而喜气洋洋。由此可见，外物的变化是能够让人产生或喜或悲的情感。但是文章在这之后有了一个转折，范仲淹表达了他想追求一种超脱上述情感的更高的志向：

嗟夫！予尝求古仁人之心，或异二者之为，何哉？不以物喜，不以己悲，居庙堂之高则忧其民，处江湖之远则忧其君。是进亦忧，退亦忧。然则何时而乐耶？其必曰"先天下之忧而忧，后天下之乐而乐"乎！噫！微斯人，吾谁与归？

范仲淹认为古代仁人的心境与"迁客骚人"见阴风苦雨则悲、风和日丽则喜不同，这是一种不以外物适意为乐，不以处境穷困而悲的超脱境界。仁人志士如果在朝为官就忧虑百姓能不能安乐，如果不当官就忧虑庙堂之上的君王能不能很好地治理天下，那么这样的人什么时候才能乐呢？他们一定会说："我要先于天下万民去忧虑，在万民皆安乐之后才安乐。"这就是范仲淹所追求的"先忧后乐"的境界，这种境界是范仲淹对传统儒家思想中"与民同乐"观念的发展，也是其居安思危的忧患意识和"以天下为己任"的担当精神的体现。

解晓昕

胡瑗——倡导『明体达用』的教育家

宋学最初的兴起，偏重在师道运动，而"有宋师道之立，实自瑗始"。因此，若想了解宋学，就不能绕开胡瑗。胡瑗（993—1059），字翼之，泰州海陵（今江苏泰州）人，北宋学者、教育家，因祖居陕西路安定堡，世称"安定先生"。

胡瑗自幼便酷爱读书，史书记载他"七岁善属文，十三通五经"，且志向广大，常以圣贤自任。由于家里贫穷，胡瑗早年并未受到良好的教育。二十岁时，他游学于泰山，与孙复、石介等人在泰山栖真观求学深造，自此开启了长达十年的苦学经历。在这十年里，他"攻苦食淡，终夜不寝"。每每收到家书，他只要看到其上有"平安"二字，便立刻将家书投掷到山涧中，不再往下看，深怕干扰自己苦学的决心。而今栖真观的旁边还有"投书涧"，即因胡瑗而得名。胡瑗、孙复等人在泰山十年

的苦学为此后宋学找到了一条出路,所以后世有"宋世学术之盛,安定、泰山(指孙复)为之先河"的说法。

从泰山学成归来之后,胡瑗即在泰州设学讲授儒家经术。范仲淹担任苏州的地方官时,聘请他为苏州府学教授,后又为湖州教授。胡瑗在苏湖一带讲授经术二十余年,他所创建的"苏湖教法"(核心为分斋教学)后为北宋中央政府所采纳。1052年,年届六十的胡瑗升任国子监直讲,开始主持太学。在任教期间,他常与学生切磋交流,因而太学里形成了一种"沈潜、笃实、醇厚、和易"的学风。由于学识渊博,教学得法,胡瑗备受学生的欢迎和敬重,当时朝中半数官员出自其门下。晚年他积劳成疾,以太常博士致仕,东归之日,弟子相送者百里不绝。胡瑗卒年六十七岁,谥号"文昭",葬于浙江乌程(今浙江湖州)。

胡瑗一生的教育思想可用"明体达用"四字概括。在苏湖一带讲授期间,胡瑗便创立了类似于近代的分科教学法,设立"经义"和"治事"两斋。"经义斋"便是要人明体,"治事斋"则是要人达用。前者以学习六经为主，目的是培养高级统治人才；后者研究治民、讲试、堰水、算数等致用之学，目的是培养专业人才。

胡瑗的学生刘彝曾对"明体达用"有过很好的概括：

> 臣闻圣人之道，有体、有用、有文。君臣父子，仁义礼乐，历世不可变者，其体也。诗书史传子集，垂法后世者，其文也。举而措之天下，能润泽其民，归于皇极者，其用也。国家累朝取士，不以体用为本，而尚声律浮华之词，是以风俗偷薄。

刘彝继承了胡瑗的思想，认为圣人之道有本体，有事用，也有承载圣人之道的具体表现形式。君臣父子之间的纲常秩序、仁义道德与礼乐制度，这些历朝历代都不改变的东西是圣人之道的本体。经史子集这些流传下来并为后世所取法的，是承载圣人之道的具体形式。能够将"体"和"文"贯彻于社会政治等方面的实践，是圣人之道的具体功用。由此可见，胡瑗"明体达用"的教育思想，以"体""用"为本，以

"文"为基本内容,致力于培养经世致用的人才以忠心朝廷,造福百姓。如果国家选拔和培养的人才不以"体""用"为本,而专讲究文章声律协调、辞藻浮华,那一定会败坏世风民俗。

　　胡瑗"明体达用"的教育思想,是"苏湖教法"的杰出成就。这一教育思想不仅是对当时师道沦丧、"体""用""文"三者割裂、教育与科举制度弊端丛生现状的批判和革新,而且开宋代理学先河,推动了宋朝以及之后朝代的教育和学术思想的发展。

毕　波

欧阳修——北宋古文运动的领袖

欧阳修（1007—1072），字永叔，北宋文学家、史学家。他去世后朝廷赠予他"文忠"的谥号，因此后世又称他为"欧阳文忠公"。欧阳修幼年丧父，他与母亲就投奔在湖北任职的叔叔欧阳晔。叔叔家境也不富裕，母亲郑氏便用荻草秆在沙地上画字来教欧阳修识字，这就是"画荻教子"的典故。欧阳修小时候刻苦读书，文章看过就能背诵，在乡里颇有名声。

宋仁宗天圣八年（1030），欧阳修进士及第，被朝廷授予官职。当时范仲淹因为指责宰相吕夷简用人不公而遭贬斥，众多朝廷大臣上书为范仲淹辩白，独有谏官高若讷认为范仲淹应当被贬黜，欧阳修就写信责备他没有羞耻之心。高若讷将欧阳修的书信交给朝廷，欧阳修因此被贬黜。后来西夏叛乱，范仲淹被朝廷派到西北主持军事。范仲淹请欧阳修到他的管辖之下任职，欧阳修辞谢了范仲淹的好意，认为之前的仗义执言并不是为了一己私利，君子在当时的情势下理应同进退，但是在目前情势下不必一同上进。欧阳修做事一秉大公的风范由此可见。

在范仲淹被贬黜时，欧阳修和尹洙、余靖等大臣都因为上书直言被罢免，因此朝廷中有人认为他们是朋党，欧阳修就专门写了一篇《朋党论》来驳斥这种说法。他认为小人之间没有真朋友，因为小人所喜好的只是利禄。当利益相合的时候，他们就会结党为朋，这种朋友关系实质是虚伪的；当发生利害冲突的时候，他们就会相互攻击，就算是兄弟亲戚之间也无所顾忌。如果是君子之间的朋友关系就不存在这种情况。君子之间相交是因为共同追求道义，他们相互磨砺以增长德行，同心共济以报效国家，故而"小人无朋，惟君子则有之"。

欧阳修后来被召回朝廷，在嘉祐二年（1057）主持了进士考试。欧阳修在少年时代就非常欣赏韩愈的文章。韩愈是唐朝古文运动的倡导者，他认为写文章是为了阐明天地人事的道理，不应该只追求华丽的辞藻、新奇的格式，故学者写文章应该崇尚先秦时期文字凝练而道理通达的风格，这就是所谓"文以载道"。

因此欧阳修主持进士考试时专门黜落了辞藻华丽而无内容的考卷，选取了文字、道理明晰的文章。当年的进士榜在北宋进士榜中极著名，其中就有位列"唐宋八大家"的苏轼、苏辙、曾巩以及洛学的开创者程颢等人。后来由于对王安石的青苗法持不同意见，欧阳修辞官退隐，第二年病逝于家中。

欧阳修一生著述丰富，除了《醉翁亭记》《朋党论》等名篇外，他还与宋祁等合修了《新唐书》。他自己撰写的《五代史记》(后称《新五代史》)尤为著名，被列入二十四史。

唐宋两个统一政权之间的割据时期被称为"五代"，有后梁、后唐、后晋、后汉、后周五个统治中原的朝代，历时五十三年。宋太祖曾经命薛居正监修过《五代史》(后称《旧五代史》)，然而自宋初到欧阳修生活的时期又有许多关于五代的新史料出现。更重要的是，欧阳修认为五代乱世之中，君臣父子之道悖乱无序，他试图用儒家人伦秩序对五代君臣进行褒贬，从而将君臣父子之道显现出来，于是撰写了《新五代史》。

下面我们就通过《新五代史·一行传序》来说明这

一点。五代是秩序混乱的时代，虽然这个时候忠臣义士很少见，但是也会有始终如一遵循道义的人。这些人有的向君王进言善道，有的虽遭诬陷却到死不改气节……欧阳修将他们的事迹发掘出来并单独列为一传。《一行传序》开篇就讨论了五代的衰乱状况，臣弑君，子弑父，没有廉耻心的人比比皆是。然而，乱世也同样应是忠臣辈出的时代，为什么五代为人所称道的忠臣义士这么少呢？欧阳修分析出现该情况的两种可能原因：

> 吾意必有洁身自负之士，嫉世远去而不可见者。自古材贤有韫于中而不见于外，或穷居陋巷，委身草莽，虽颜子之行，不遇仲尼而名不彰，况世变多故，而君子道消之时乎！吾又以谓必有负材能，修节义，而沉沦于下，泯没而无闻者。

欧阳修认为五代时必然有自觉坚守道义的人，他们愤恨世道的混浊而远逃于山林之间，所以并不被人所知道，这是第一种情况。另外，自古也有贤才而不被人所知的，比如孔子的得意弟子颜渊。如果颜渊没有遇见孔子，那么他的名声也不会彰显，更何况五代这种君子之道衰落的时候呢！小人在上位、君子在下位，所以民间的贤人难以被发现，只能默默无闻，这是第二种情况。

经过仔细梳理、寻找，欧阳修终于发现了郑遨等五个贤人：

> 处乎山林而群麋鹿，虽不足以为中道，然与其食人之禄，俯首而包羞，孰若无愧于心，放身而自得？吾得二人焉，曰郑遨、张荐明。势利不屈其心，去就不违其义，吾得一人焉，曰石昂。苟利于君，以忠获罪，而何必自明，有至死而不言者，此古之义士也，吾得一人焉，曰程福赟。五代之乱，君不君，臣不臣，父不父，子不子，至于兄弟、夫妇人伦之际，无不大坏，而天理几乎其灭矣。于此之时，能以孝悌自修于一乡，而风行于天下者，犹或有之，然其事迹不着，而无可纪次，独其名氏或因见于书者，吾亦不敢没，而其略可录者，吾得一人焉，曰李自伦。

他们分别是：身处山林与麋鹿为友，无愧于心、怡然自得的郑遨和张荐明；不为权势利禄屈服，遵守道义的石昂；忠心君王，就算因此获罪也不自我辩白的程福赟；以孝悌作为道德标准，以至于影响天下人的李自伦。欧阳修认为这些生当乱世却依然能够洁身自好的人，是真正的社会楷模。在这里，欧阳修鲜明地表达了对历史事件、历史人物的褒贬态度，以及国家兴亡系于人事而不系于天命的历史观。

宋朝在五代分裂了五十余年后重新一统华夏，宋代士大夫对五代时期君臣父子之道的废坏状况深恶痛绝，他们立志要建立一个符合儒家秩序的理想社会。欧阳修就是此类士大夫的典型代表，所以他要从残存的史料中将这五个人发掘出来，以彰显他们行为背后的孝悌忠义的原则，而这些原则是建立那个理想社会的基石。

解晓昕

邵雍——诗意盎然的理学家

邵雍（1011—1077），字尧夫，谥康节，是北宋时期著名的理学家、诗人。早年邵雍跟随父亲移居共城（今河南辉县），隐居于苏门山百源之上潜心读书，后人也因此称呼他为"百源先生"，其学派也被称为"百源学派"。皇祐元年（1049），邵雍又从共城迁往洛阳，在洛阳以教授门徒为生。嘉祐七年（1062），邵雍移居到由富弼、司马光、吕公著等人出资为其在洛阳置办的新居中，过上了自耕自种、自给自足的悠然生活。他给新居起名为"安乐窝"，自号"安乐先生"。

邵雍年少时就机智过人，胸怀大志，一心致力于科举进取之学。邵雍酷爱读书，几乎无书不读，并且在读书的过程中为了保持专注、节约时间以及磨炼意志，对自己要求十分严格。邵雍读书的时候，冬天不生炉子取暖，夏天不扇扇子解暑，夜里睡觉的时间也很少。就这样，他刻苦地学习了好几年。

但同时，邵雍自己也明白不能一味地闭门读书而不经历世间事，故在苦读中感叹："昔人尚友于古，而吾独未及四方。"这句话的意思是指过去的人不仅读书破万卷，在古书中与前人展开精神层面的交流，而且行万里路，广泛游历前人曾经游历的地方，而自己却只是做到了第一步，还没有做到第二步。因而邵雍越过黄河、汾河，跋涉于江淮、江汉平原，考察了西周的那些分封国齐、鲁、宋、郑的遗址，以此增长见识，实践所学。等到游历归来时，邵雍感叹道："道在是矣！"此后他便再也没有出去游历了。

邵雍居住于共城时，当时的县令李挺之听闻邵雍勤奋好学，潜心钻研学问，且对《易经》颇有研究，就亲自去他家造访。李挺之问道："子亦闻物理性命之学乎？"意思是问："你知道宇宙万物发展过程中的义理之学和有关性命的学问吗？"邵雍回答道："幸受教。"于是他便拜李挺之为师，学习了"河图"、"洛书"、八卦与六十四卦等。邵雍通过自己的不懈努力，多年之后终有所成，创立了象数之学。邵雍与周敦颐、张载、程颢、程颐并称为"北宋五子"，成为宋代理学的重要人物。需要注意的是，邵雍的学术思想能贯穿经史子集，这是"北宋五子"中其他四子不可同日而语的。

邵雍在学术上的造诣很高，主要以治《易》为主，兼论《诗》《书》《春秋》。邵雍的易学代表作是《皇极经世》。他在书中用了很多图式，以易理和易数推究宇宙万物的起源、自然环境的演化和社会历史的变迁，成为图书象数学的代表之作，对后世的易学、理学、术数都有重要的影响和启示作用。此外，邵雍还著有《渔樵问对》《伊川击壤集》等作品，其中《伊川击壤集》是邵雍的诗集。南宋理学家魏了翁评价邵雍的作品时有这样的言论："邵子平生之书，其心术之精微在《皇极经世》，其宣寄情意在《击壤集》。"

邵雍为人品德高尚，温良谦逊。他居住在洛阳期间，很多读书人哪怕不去官府报到，也会去邵雍住处拜访。而邵雍在与他人的交谈中，从不炫耀自己的学问，也不会表现出提防的样子。邵雍对他人的评价往往就其长处有称赞之词，不会因为来访者身份的高低贵贱影响他诚恳待人的态度。如果有人请教问题,邵雍也是尽力解答,从不好为人师。因而学者往往称与邵雍先生相处有如沐春风之感,乃至不认识的人也都知道他的贤良。

纵观邵雍一生,其年少时虽志在科举,但后来几度被举荐做官都称疾不赴,隐而不仕。也许,邵雍向往那种闲适恬淡、悠然自得的生活状态。据说早上邵雍一般焚香静坐,闭门读书,到申时(午后三时至五时)喝几杯酒,喝到微醺就乘着兴致歌以咏志。在春秋时节,邵雍喜欢坐着小车出城游历,随意而行。在邵雍重病将要离世之时,他作有诗句"以命听于天,于心何所失""唯将以命听于天,此外谁能闲计较"等,足见他对待生死的乐天态度。

因此，我们不难理解邵雍晚年所作《养心歌》中表达的淡泊明志、宁静致远的高雅气质。

得岁月，忘岁月；得欢悦，忘欢悦。
万事乘除总在天，何必愁肠千万结？
放心宽，莫胆窄，古今兴废言可彻。
金谷繁华眼里尘，淮阴事业锋头血。
陶潜篱畔菊花黄，范蠡湖边芦月白。
临潼会上胆气雄，丹阳县里箫声绝。
时来顽铁有光辉，运退黄金无艳色。
逍遥且学圣贤心，到此方知滋味别。
粗衣淡饭足家常，养得浮生一世拙。

在邵雍看来，人生在世，得与失是随时随地都可发生的寻常事。我们只需放宽心，顺其自然即可，不必为得失而忧愁。石崇富可敌国，所居之地金谷富丽堂皇，何等奢华，如今已然变成一片废墟；韩信辅佐刘邦夺得天下，功成名就后却被吕后擒拿杀害，血染刀锋。陶渊明归隐田园，种豆南山，采菊东篱，恬然自适；范蠡功成身退，浮海出齐，经商致富，最终寿终正寝。邵雍推崇陶渊明采菊东篱、范蠡泛舟湖上的闲适生活。他认为即使是日常生活中的粗茶淡饭，也能让人体会到快乐。从《养心歌》中，我们可以看出邵雍悠闲自得、随遇而安的人生态度。人生不必为了追求功名利禄而煞费苦心、终日操劳，是非成败转头空，不如放宽心胸，宁静以致远。

丁少青

周敦颐——"出淤泥而不染"的道学宗师

周敦颐（1017—1073），字茂叔，号濂溪，道州营道（今湖南道县）人，北宋著名理学家，世称"濂溪先生"。他融合佛教、道教来丰富儒家学说，被《宋史·道学传》列为宋明道学的开创者。

周敦颐十五岁丧父后，便随其母投奔舅父以维持生活，后又因舅父恩荫进入仕途。他在洪州分宁县（今江西修水）担任主簿时，处理了悬而未决的案件，受到乡人的广泛称赞，声名远播。吏部官员因为赏识他的才能，推举他为南安军司理参军。在任期间，周敦颐坚持依法断案，并不顾及自身的官位利益。有一次，官府的转运使想要直接判处某囚犯死刑，虽然这是不符合法度的，但由于这位转运使非常残酷凶悍，竟无人敢于直言反对。只有周敦颐据理力争，并说"杀人以媚人，吾不为也"，打算弃官回乡。转运使这才收回判处，囚犯得以不死。

由于周敦颐能力出众、不畏权贵，时任大理寺丞的程珦结识了他。程珦见他的气貌仪态不是一般人，交谈后更认为他是"知道者"，便令其子程颢、程颐拜师从学。二程自此"慨然有求道之志"。

后来，周敦颐又因多次受命改任，辗转湖南、江西、四川、广州等地，均颇有政绩，备受百姓拥戴。1070年，周敦颐被提拔为广南东路提点刑狱。在位期间，他四处体察民情，后不幸染病，便辞官回到江西庐山濂溪学堂，于1073年去世。

纵观周敦颐的一生，他为官三十余载，但是担任的都是州县小吏，生活比较拮据。即便如此，周敦颐怡然自得，讲学授徒，并在思想层面积极求索。周敦颐的主要哲学著述有《太极图说》和《通书》。《太极图说》全文仅二百五十余字，兼采《易》说和道家思想。在这篇短文中，周敦颐由"无极而太极"到"阴阳""五行"，构建了宇宙生化理论；由"五性感动而善恶分""圣人定之以中正仁义而主静"，构建了人性论和修养论。《通书》则继承了《中庸》的"诚""中正"等重要概念，提倡通过"主静无欲"的修养方法来去除人内心的私欲，从而在动静之间皆符合公理。《太极图说》和《通书》均言简意赅，且在思想上是一致的，所以后来朱熹说"其为说实相表里"，认为这两部书是可以结合起来看的。总的来看，周敦颐在哲学层面做出了融合儒、道、佛的努力，开拓了儒学在宇宙生成层面的逻辑结构。可以说，程朱理学是在继承他的框架的基础上，才得到进一步发展的。

除去哲学思想层面的成就，周敦颐还喜欢寻山踏水，广泛交游，撰写诗文以抒发情志。其中，最著名的诗文即是《爱莲说》，它已经成为传诵千古的散文名篇。"说"是古代的一种议论文体，行文活泼，大多是借景抒情或托物言志。《爱莲说》开篇并没有直接描写"莲花"，而是先讲了其他种类的花：

水陆草木之花，可爱者甚蕃。晋陶渊明独爱菊。自李唐来，世人甚爱牡丹。

周敦颐认为，世间存在许多种值得喜爱的花。晋代的陶渊明独喜爱菊花，唐代以来的人们则多喜爱牡丹。周敦颐首先写这两种不同的花，正是为莲花的出场做铺垫。

接着，周敦颐便开始描绘莲花的形象。

予独爱莲之出淤泥而不染，濯清涟而不妖，中通外直，不蔓不枝，香远益清，亭亭净植，可远观而不可亵玩焉。

周敦颐认为莲花从淤泥中生长出来，却毫不沾染污泥；在清水中洗濯，但是不显得妖媚。它中茎贯通，外形挺立，不生长多余庞杂的枝蔓。莲花的香气随着远播更加清幽，它洁净地立在水面上，人们可以从远处观赏，但不能靠近玩弄它。周敦颐仅通过这些，就将莲花由内而外、由近及远的特征，刻画得淋漓尽致，从中可见其深厚的文学功底。

当然，周敦颐并非就莲花写莲花，更是以莲花自喻，表达自身的高洁志趣。周敦颐希望自己能够像莲花一样"出淤泥而不染""中通外直"，尽管出入污浊的现实官场，却仍然能够保持一颗不受环境改变的赤子之心，能够保持洁身自好、正直清廉。"香远益清"，不仅代表着周敦颐的学说思想因授徒而传播，还有自身胸怀风范的名声远扬。结合周敦颐的为官经历，我们就会知道他绝非盲目自夸。"可远观而不可亵玩"，则表达了周敦颐可敬而不可侮、光明磊落的品格。

最后，周敦颐直接阐述三种花的比喻形象，并分析人们对这三种花的喜爱情况。

予谓菊，花之隐逸者也；牡丹，花之富贵者也；莲，花之君子者也。噫！菊之爱，陶后鲜有闻。莲之爱，同予者何人？牡丹之爱，宜乎众矣！

"菊花"与归隐田园的陶渊明一样，代表着一种超然物外、避世保全的心境；"牡丹"则象征着更多人追求富贵、向往功名的态度；而"莲"所代表的，则是积极进取却不一味追求富贵的人生态度。喜爱莲花的人如此之少，则是周敦颐难求同道中人的伤感。莲花经常出现在佛教文化中，比如华严宗曾以莲花比喻自性清净。周敦颐在这篇散文中，将其喻体转换为儒家中的"君子"，也能看出他融合诸家却最后归于儒的思想倾向。周敦颐既不消极避世，也不与尘世同流合污，体现了敢于承担道统责任、坚毅直面社会的儒者风范。

千百年来，《爱莲说》脍炙人口，感染着一代代文人墨客；周敦颐本人的哲学思想、高尚品格，也随着世代更迭而愈加远播。黄庭坚称其为"胸怀洒落，如光风霁月"，胡宏称颂他"其功盖在孔孟之间"，朱熹则认为他"奋乎百世之下，乃始深探圣贤之奥"。

张良浩

司马光——中国古代史苑的巨星

司马光（1019—1086），字君实，后世称"司马温公"，陕州夏县（今属山西）涑水乡人，北宋政治家、史学家。司马光七岁时就严肃可敬，像个大人，喜好读《春秋左氏传》且能复述主要内容。有一次，司马光和一群同伴玩耍，其中一个同伴掉入盛满水的大缸里。眼看同伴就要被淹死，其他小孩都吓得六神无主，只有司马光急中生智，举起石头将水缸砸破，同伴才得救，可见那时他就有临危不乱的气度。

宋仁宗宝元元年（1038），司马光进士及第，被朝廷授予地方官职，后来升迁到京城任谏官。当时宋仁宗得了重病，但是因为他没有儿子所以并未立储，百官对此都不敢进言，司马光却进言说："陛下迟迟没有做决定，这一定是身边的小人进谗言说陛下年富力强，不必这么早选旁室宗亲。小人没有远虑，只是希望在万一遇到非常之变的时候选立与他们亲近的人。"宋仁宗终于感悟,决定将侄子赵宗实立为皇子,这就是后来的宋英宗。司马光不避忌讳,屡屡上书进言他人所不敢言的事,他刚直的风范由此可见。

后来王安石得到宋神宗的信任要实行新法,司马光认为前代设立的秩序如果没有大变故就不应该毁坏,因此他反对王安石变法,提出"祖宗之法不可变也"。由于意见得不到伸张,他就离开朝廷独居洛阳多年,专心写作《资治通鉴》。宋神宗去世后,一直反对变法的太皇太后高氏主政,她立即征召司马光入朝为相。当时变法产生的弊端对老百姓影响很大,一听说司马光为相,百姓都翘首以盼。司马光上任之后将青苗法、保马法等等全部废除,但上任不到一年,他就因病去世了。

司马光一生钻研史学,其最大的成就要数《资治通鉴》。《资治通鉴》得名于宋神宗认为该书"鉴于往事,有资于治道",即可以成为当政者的借鉴之意。不同于纪传体史书,《资治通鉴》以年份的顺序排列史实,属于编年体通史。《资治通鉴》记叙的史实上起周威烈王二十三年(前403),下至五代周显德六年(959),

一共1362年历史。司马光认为历代史书卷帙浩繁，学者难以通读，于是在编撰过程中选取的大多是历代政治史中的重要事件，对于一些要紧的事又往往将其前后因果详细叙述而不局限在某一年中。

司马光除了在书中记叙史实外，还常以"臣光曰"起头来进行评论，因此该书史论兼备。我们在这里节选司马光对《资治通鉴》的开篇，周天子封晋国大夫魏斯、赵籍、韩虔为诸侯一事的评论来分享。

> 臣光曰：臣闻天子之职莫大于礼，礼莫大于分，分莫大于名。何谓礼？纪纲是也。何谓分？君、臣是也。何谓名？公、侯、卿、大夫是也。夫以四海之广，兆民之众，受制于一人，虽有绝伦之力，高世之智，莫不奔走而服役者，岂非以礼为之纪纲哉！是故天子统三公，三公率诸侯，诸侯制卿大夫，卿大夫治士庶人。贵以临贱，贱以承贵。上之使下犹心腹之运手足，根本之制支叶，下之事上犹手足之卫心腹，支叶之庇本根，然后能上下相保而国家治安。故曰天子之职莫大于礼也。

司马光认为天子的职责在于守礼、定分、正名。礼是法度，分是君臣各自的职责，名是公、侯、卿、大夫的爵位。百姓之所以能服从于天子一人，关键在于礼法的约束。正是在礼法秩序的约束下，天子才能统率三公，诸侯才能节制卿大夫，卿大夫才能治理士和百姓。居于上位和下位的人各司其职、互相保全，国家就安定了。所以说天子的职分莫大于守礼。

> 今晋大夫暴蔑其君，剖分晋国，天子既不能讨，又宠秩之，使列于诸侯，是区区之名分复不能守而并弃之也。先王之礼于斯尽矣！

周平王东迁之后，周天子的势力就开始衰落了，但天子的地位之所以不被诸侯取代，就是因为天子还守着世人都认同的礼法，诸侯也就不敢冒天下之大不韪去侵犯周天子。但如今晋国大夫凌驾于国君之上，瓜分晋国，周天子不仅不讨伐他们，反而还给他们晋升爵位，这就是说周天子连君臣的名分都不守了，先王的礼法从此真的被废弃了。

或者以为当是之时，周室微弱，三晋强盛，虽欲勿许，其可得乎！是大不然。夫三晋虽强，苟不顾天下之诛而犯义侵礼，则不请于天子而自立矣。不请于天子而自立，则为悖逆之臣，天下苟有桓、文之君，必奉礼义而征之。今请于天子而天子许之，是受天子之命而为诸侯也，谁得而讨之！故三晋之列于诸侯，非三晋之坏礼，乃天子自坏之也。乌呼！君臣之礼既坏矣，则天下以智力相雄长，遂使圣贤之后为诸侯者，社稷无不泯绝，生民之类糜灭几尽，岂不哀哉！

有些人可能会为周天子开脱：在那个时候，周天子势弱，三家大夫强盛，想要不封他们为诸侯怕是不行。司马光则认为三家虽然强大，如果不顾礼法自立为诸侯，那么他们就是悖逆的臣子。如果天下有像齐桓公、晋文公这样匡扶正义的人，必然会讨伐他们。但是三家大夫不是悖逆自立，他们的爵位经过了周天子的正式册封，谁又能够去讨伐他们呢？所以说韩赵魏三家成为诸侯，不是他们破坏礼，而是周天子自己在破坏礼。君臣的礼法被废弃,那么战国诸侯相攻伐就是必然的了。正因为如此,司马光将这件事视为战国的开端。

可以看出,司马光将君臣之礼的存废视为治乱的根源之一。为什么这么说?古代君主与臣子表面上是统治与被统治的关系,但儒家认为君主的设置是为了使天下百姓都能够过上富足、有礼的理想生活,君臣之间是一种以构建理想的道德社会为目的、相互扶持的关系。君臣之间首先要守礼,正是在礼法道德的约束下,君臣之间的服从关系才具有合法性,进而整个社会才能进入一个充满道德光辉、彬彬有礼的状态。

司马光企图通过《资治通鉴》中历代统治者成败得失的经历以及治国待臣之道等,给君主提供"治乱兴衰"的历史经验和教训,希望君主以古为镜,懂得立政、用人的关键,为封建国家的长治久安保驾护航。

解晓昕

张载——关学创立者的『四为』精神

张载（1020—1077），字子厚，凤翔郿县（今陕西眉县）横渠镇人，世称"横渠先生"，北宋时期著名的理学家、教育家。因其活动的地点主要在函谷关以西、大散关以东，后世也把由张载创立的学派称作"关学"。

张载少年丧父，但胸有大志，喜谈兵事。当时北宋与西夏苦战，张载年轻气盛，慨然以功名自许，希望纠集义兵去取洮西之地，上书给时任边防主帅的范仲淹。范仲淹一看就知道此人将来必成大器，因此赠送一编《中庸》给他，并且告诫他说："儒者自有名教可乐，何事于兵？"这也是告诉他要把更多的精力用在读书上面。此后，张载开始了博览群书的生涯。他从阅读佛教、道教的典籍入手，后来觉得在这些书中没有学到什么东西，就又回归到儒家的六经。

三十七岁那一年，张载在开封见到了自

己的两个远房表侄，也就是"二程"（指程颢、程颐）。三个人聚在一起讨论学问，这令张载受益匪浅。他自信地说："吾道自足，何事旁求！"也就是说，从这时开始张载认为儒家的学问是完满自足的，不必假借佛教、道教的说法来寻求解释。这是张载为学的一个重要转折点。

张载是一位天资鲁钝但却勇于进学的思想家。张载的为学过程是非常艰辛的。据说他在家中各处摆满了笔砚，凡是思考过程中有所得，就立刻把它记录下来。有时他睡到半夜也会起身就座，点亮蜡烛记下那时的心得。程颢得知此事后责怪他："子厚却如此不熟！"程颢的意思是张载应该更加细心体会和推敲，而不应该想到什么就立刻写下来。其实，这正体现了程颢和张载两人为学方法上的不同，所以后来朱熹说："明道之学，从容涵泳之味洽；横渠之学，苦心力索之功深。"两人的方法各有各的长处，去短集长才是应有的态度。

事实上，如果没有张载的苦思冥想，后世就不会有《正蒙》这样一部伟大的哲学著作。《正蒙》中提出了许多重要的哲学命题，比如"太虚即气""德性之知""气质之性""心统性情"等等。当然,《正蒙》中对后世影响最大的还是《西铭》一篇。二程后来每每教导学者先看《大学》《西铭》，也说明在二程心目中《西铭》的地位已经几乎可以比拟于经书了。《西铭》的开篇讲：

> 乾称父，坤称母。予兹藐焉，乃混然中处。故天地之塞，吾其体；天地之帅，吾其性。民吾同胞，物吾与也。

乾坤代指天地。人生天地之间，本来只有生身或养育自己的父母才是父母，但张载在这里拉近一步讲，把天地也称作是人的父母。"称"其实就是"称呼"的意思，好像一个孩子刚睁开双眼看世界，一下子就把天地认作是自己的父母。人既然是天地的孩子，那天地间的万物都好像是自己的兄弟姐妹一样。张载讲"民吾同胞，物吾与也"，就是说天底下的百姓都是我的同胞，天底下的万物都是我的同类。这就把人和天地万物的距离拉近了，表达的是一种泛爱万物的博大精神。

《西铭》接着讲：

> 大君者，吾父母宗子；其大臣，宗子之家相也。尊高年，所以长其长；慈孤弱，所以幼其幼。圣其合德，贤其秀也。凡天下疲癃残疾、茕独鳏寡，皆吾兄弟之颠连而无告者也。

张载认为君主好比是天地父母的嫡长子，百官好比是嫡长子的管家。尊敬天下的年长者，就好像是在尊敬自己家中的老人；呵护天下的幼弱者，就好像是在呵护自己家中的孩子。所谓的圣人，只不过是同胞之中和天地之德相合的人；所谓的贤者，只不过是同胞之中的优异之辈。凡天下年老多病、身体残疾、孤苦无依、丧父丧偶的人，都是自己正在经历苦难却无处诉说的兄弟。张载在此处，颇表露出一些"以天下为己任"的雄心壮志。他把天底下所有的苦难都看作自己应当去肩负的责任,这和范仲淹"先天下之忧而忧,后天下之乐而乐"的精神是一致的。

《西铭》最后总结:

> 富贵福泽,将厚吾之生也;贫贱忧戚,庸玉女于成也。存吾顺事,没吾宁也。

张载觉得,如果生下来是福禄富贵,那是乾坤父母所赐,可以用来丰厚自己的生活;如果生下来是贫贱忧戚,那也是乾坤父母所赐,可以用来磨炼自己的品格。无论出现什么样的情况,都不会去抱怨命运到底如何。如果活着,就顺从事物的自然道理;如果死去,内心也将得到安宁。《西铭》的核心虽然是表现那种以天下为己任的博爱精神,但它最后却一定要落实在怎么做上。《西铭》最后表达的是一种独立、坚毅,虽然以天下国家为己任,但并不因为外在环境的不如意而灰心丧气。

正是在这种精神的照耀下,张载提出了著名的

"横渠四句"："为天地立心，为生民立命，为往圣继绝学，为万世开太平。"也就是说，以自己的心来为天地之间的纲常不坠立定一个心，以自己的命来为苍生百姓的衣食教养立定一个命，把古来圣贤得不到传扬的学问当作自己应当去传扬的学问，把今后万世不可以保障的太平当作自己应当去保障的太平。

可以说，张载在这里表现出来的气魄很宏大。这不是一般说话层面上的"口气大"，而是躬己力行层面上的"志向大"。有这样一番宏大的志向，一定也需要坚毅的品格去担当落实。张载为学最清苦，不眠的黑夜勾勒着他那从不轻言放弃的精神。而今我们读张载的书时，也时常可以想见那个奋笔疾书、深刻凝视我们灵魂的哲学家。

刘晓飞

王安石——大道独行的改革家

王安石（1021—1086），字介甫，抚州临川（今江西抚州）人，是北宋著名政治家、思想家、文学家。王安石在宋神宗熙宁、元丰年间主持的变法是北宋政治史上的重大事件，他去世后朝廷赐予他"文"的谥号，因此后世称之为"王文公"。

王安石幼年时就喜欢读书，练就了过目不忘的本领。宋仁宗庆历二年（1042），王安石考上进士，被朝廷授予地方官职。后来宰相文彦博屡次举荐他越级任职，欧阳修举荐他为谏官，他都坚决辞去不就任。当时的士大夫都认为他淡泊名利，以不能结识他为遗憾。王安石曾针对北宋建国近百年间产生的因循苟且之弊向宋仁宗上万言书，认为当今朝廷财富不足、风俗衰败是因为没有正确的法度，没有效法古代圣人的政教。虽然古今情况不同不能照搬，但朝廷可以效法古代圣人政治措施中的意图,那么变革就容易切合于当今之世。后来王安石主持变法的一系列措施都跟这封万言书有关。

因为王安石是江西人,一开始他在京城开封并没有什么根基,名声也不显赫。后来他结交了京城世家大族中的韩绛、韩维和吕公著等。在宋神宗还是颍王的时候,韩维在颍王府中任职。每当颍王称赞韩维的观点时,韩维总是说"这是我的朋友王安石的看法",因此颍王对王安石钦慕已久。等到宋神宗即位后,他很快就召见王安石,并问王安石唐太宗的治国之术怎么样。王安石回答说,陛下只应该效法圣人尧、舜,不必学唐太宗,尧、舜的治国方法简单而不麻烦,切要而不迂阔。宋神宗非常赏识王安石,于是在熙宁二年(1069)封王安石为参知政事。次年,王安石拜相,开始推行改革。

王安石的变法主要针对北宋积贫积弱的弊病,重点是增加朝廷的财政收入,增强军事力量。他在任上推行了青苗法、方田均税法、市易法、保马法、保甲法等措施。比如方田均税法针对的就是富家大户隐匿田产、逃避赋税的问题,通过重新丈量土地、确定不同成色土地的赋税额度来增加税收。王安石一系列的措施提高了朝廷收入，加强了军队战斗力，使得北宋在对西夏的战争中取得胜利。但是新法在基层执行过程中出现的弊端也激起了民怨，引起了士大夫的反对，以至于王安石两次辞去宰相之位。在宋神宗去世以后的元祐元年（1086），反对变法的太皇太后高氏任命司马光为宰相，史称"元祐更化"。司马光将王安石大多数的变法措施废除，这一年王安石在忧郁中去世。

王安石的经学、文学功底深厚，他撰写的《三经新义》成为北宋科举考试的标准。王安石的文风因事见理，他撰写的《游褒禅山记》《伤仲永》等都是名篇，因此他和曾巩、欧阳修、苏轼等跻身"唐宋八大家"之列。这里主要介绍他的《游褒禅山记》。

宋仁宗至和元年（1054），王安石在辞官归家的路上游览了褒禅山，记文讲述了他和友人游览褒禅山过程中发生的两件小事：一件是他从古碑中发现褒禅山的另一个名字"华山"，实际是"花山"的误读；另一件是在游览山洞时因为手中火把快要熄灭，所以他听从同伴意见中途折返，但是出来之后发现火把还未熄灭，为此后悔没有坚持继续探索山洞。王安石因事见理的文风在此文中体现得很明显，从上述两件小事中他得出了两点人生感悟：

> 于是予有叹焉。古人之观于天地、山川、草木、虫鱼、鸟兽，往往有得，以其求思之深而无不在也。夫夷以近，则游者众；险以远，则至者少。而世之奇伟瑰怪非常之观，常在于险远，而人之所罕至焉，故非有志者，不能至也。

王安石感叹，古人观察天地、山河、草木、虫鱼、鸟兽，心中往往会有所得，因为他们无时无刻不在进行深刻的思索。道路平坦而近的地方，游人就多；道路艰险而远的地方，游人就少。但世间奇妙瑰丽的景观常常在艰险遥远之处，只有不怕困难、意志坚定的人才能到达。

> 有志矣，不随以止也，然力不足者，亦不能至也。有志与力而又不随以怠，至于幽暗昏惑，

而无物以相之，亦不能至也。然力足以至焉，于人为可讥，而在己为有悔。尽吾志也而不能至者，可以无悔矣，其孰能讥之乎？此予之所得也。

尽管意志坚定、不盲从他人，若是这个人的体力不足，也不能到达那里。有志向与力气、不盲从他人而懈怠，但到了幽暗的地方却没有外物（火把）可以辅助，那么他也是到不了的。可见要达到目的需要具备多种条件，有些条件是自己能把握的，有些是不能的，比如外物的辅助。儒家强调知命、自得。孔子说："不知命，无以为君子。"一件事能不能成功受很多外在条件的影响，这些不是自己能决定的，君子应该尽全力做他应该并且能做的事情，剩下的就可以交给天命，这就是知命。当尽了应该尽的一切努力，哪怕事情还不能成功，自己也不会有遗憾，这是自得。所以王安石说，力气足以到达却没有到，别人会讥笑，自己也会后悔，只有尽了自己的努力还不能到达才不会后悔，外人谁能讥笑呢？这是王安石的第一点感悟。

文章接着说道：

> 余于仆碑，又以悲夫古书之不存，后世之谬其传而莫能名者，何可胜道也哉！此所以学者不可以不深思而慎取之也。

褒禅山中仆倒的古碑上记录着褒禅山原名"花山"，但是现在人都管它叫"华山"，这明显是以讹传讹的误读。王安石从这件事情又联想到古书考证的问题。很多古人的书籍不存于世，后人以讹传讹而不能解释清楚的事例真是不可胜数，因此学者对此必须仔细思考而谨慎选择。这是他的第二点感悟。

这篇文章写于至和元年，此时他还未成为宰相。十几年后他入朝为相，主持了轰轰烈烈的变法运动。在变法过程中他遇到了多方的阻力和非议，但是他始终意志坚定、百折不挠，同时他又撰写《三经新义》中的《周官新义》来探求古人原意，为变法寻找理论支持。这恰恰体现了他在《游褒禅山记》中得出的两点感悟。

解晓昕

二程——洛学兄弟的异与同

程颢（1032—1085），字伯淳，洛阳（今属河南）人，世称"明道先生"，北宋时期著名的理学家、教育家。他和他的弟弟程颐并称为"二程"。由于他们长期在洛阳讲学，后世也把二人的学派称作"洛学"。他们二人的学说在两宋时期流传很广，后经朱熹发扬光大，成为宋明理学中影响最大的一个流派，即"程朱理学"。

与张载不同，二程的思想成熟得很早。早在二程少年时，他们的父亲程珦就令二程前往周敦颐处受学。这段经历对二程产生了很大的影响，二程后来回忆说：

> 昔受学于周茂叔，每令寻仲尼颜子乐处，所乐何事？

孔子经常称赞他的学生颜回好学，他说：

"一箪食，一瓢饮，在陋巷，人不堪其忧，回也不改其乐。"意思是说，颜回即使处在很差的环境中，仍然能够保持积极乐观的心态。那么，使颜回感到快乐的究竟是什么呢？显然不是外在的物质条件，而是内在的精神修养。只不过，周敦颐没有直接向二程给出答案，而是让他们通过自己的生活实践去体贴、去寻找。这样一种"体贴"的方式，后来对二程产生了很大影响。程颢说：

> 吾学虽有所受，"天理"二字，却是自家体贴出来。

"天理"二字并非第一次在经典中出现，但程颢格外强调"自家体贴"，这就把天理的切身性揭示出来了。原来书本中的道理不是外在于日常生活，而是内在于我们的精神生命之中。通过学习和实践，最终要达成的不是一种口耳之学，而是有关自身的人格成就的学问。读书不只是为了悦乎口耳，而是为了以心传心、以自己的精神去印证古先圣贤的精神。事实上，程颢在平时生活中也正是通过这样的方式来自我修养的。后来弟弟程颐在称赞哥哥的气象时说：

> 先生资禀既异，而充养有道。纯粹如精金，温润如良玉。宽而有制，和而不流，忠诚贯于金石，孝悌通于神明。视其色，其接物也，如春阳之温；听其言，其入人也，如时雨之润。胸怀洞然，彻视无间。测其蕴，则浩乎若沧溟之无际；极其德，美言盖不足以形容。

这段话是说，程颢天生的气质非常温润，而他后天的涵养也特别好。一方面，他待人宽和，使人在春风化雨中受到熏陶；另一方面，他也不是一味宽和，而是有自己非常确定的人格坚守在其中。程颢待人以诚，所以当他教导别人时，人们大多乐于听从他的意见。他很少迁怒于人，所以即使他对别人生气，那些人也不会因此而怪罪于他。和程颢相处，贤能的人能够被他的德行感化；昏昧的人即使因为做错了事而受到责备，也不会有什么怨恨，只会反身省察自己的过错。从程颐的称赞中，我们可以想见一位温良、正直，既有着一贯的操守，又善于察言观色，使贤愚皆获其益的哲学家。

程颐（1033—1107），字正叔，世称"伊川先生"，是和其兄齐名的理学家、教育家。程颐仅比程颢小一岁，但寿命却比其兄长二十一年，因此，在程颢去世之后，主要是由程颐将二人的学说发扬光大。

程颢待人和易，程颐则是谨严。有一次，杨时、游酢去拜见程颐，程颐正在瞑目静坐，二人在旁站立等待。等到程颐发觉，门外积雪已经一尺多深了。古今称道的"程门立雪"，虽然表现了杨时、游酢的敬师之诚，但也与程颐平日的严厉有关。据说，二程弟子与老师论学，有不合的地方，程颢大多会说"且容商量"，程颐则多直言"不是"。

程颐不喜为官，一生中得到了多次可以为官的机会，但几乎都推让给了族人。他认为自己仍然学力不足，所以不愿出仕。他第一次做官时已经五十多岁，当时，司马光、吕公著等人向朝廷举荐程颐，称赞他"力学好古，安贫守节，言必忠信，动遵礼义"。朝廷任命程颐为崇政殿说书，负责为年幼的哲宗皇帝讲解经书。程颐竭力推辞，不获允许，最终在人生中第一次登上了政治舞台。

程颐只在崇政殿说书的位置上待了一年多，但是他在这一年多之中的行事是他整个人生精神的写照。朱熹后来编纂的《伊川先生年谱》中记载道：

> 先生在经筵，每当进讲，必宿斋豫戒，潜思存诚，冀以感动上意；而其为说，常于文义之外，反复推明，归之人主。一日当讲"颜子不改其乐"章。门人或疑此章非有人君事也，将何以为说，及讲，既毕文义，乃复言曰："陋巷之士，仁义在躬，忘其贫贱。人主崇高，奉养备极，苟不知学，安能不为富贵所移？且颜子，王佐之才也，而箪食瓢饮；季氏，鲁国之蠹也，而富于周公。鲁君用舍如此，非后世之鉴乎！"

程颐不是泛泛地为哲宗皇帝讲解文义，而是最终一定要落实在对人君应当如何行事的教导上。比如，程颐为哲宗讲解"颜子不改其乐"章，最终一定要归结于对人君的警示：颜子身在陋巷，物质条件极其贫乏，可是即便如此，颜子还能通过学习成为一个仁义君子。人君身处高位，口体之奉无一不备，在这么好的条件下，如果不能通过学习修炼自己的德行，岂不足以为后世警诫吗？该言论的冲击性可以说是非常强的。程颐丝毫不畏惧因为过于戆直而可能带来的祸患，他真正关心的问题是：如何教育出一个正直、仁爱、不为富贵动心的君主，以为普天之下黎民众庶之福。

据说，在程颐担任崇政殿说书期间，每当哲宗生病，他就到医官那里询问哲宗的起居。可是，每当程颐要为哲宗皇帝讲解经书之时，他就恢复了往日的严肃。有的人甚至询问他，每天都这么严肃地活着，是否感到劳苦？程颐回答说："吾日履安地，何劳何苦？他人日践危地，此乃劳苦也。"程颐的意思是：自己虽然辛勤，可是做的都是合于道义的事情，何来劳苦？如果违背道义而去做一些不应当做的事情，才是真的劳苦。可见，程颐已经把自律化为自己生活方式的一部分，而不是靠勉强为之。

《伊川先生年谱》还记载了程颐任职期间的轶事：

> 在职累月，不言禄，吏亦弗致，既而诸公知之，俾户部特给焉。又不为妻求邑封。或问之，先生曰："某起于草莱，三辞不获而后受命。今日乃为妻求封乎？"

引文是说程颐担任崇政殿说书几个月，却从来没有主动索要过俸禄，一直到有人发现了这件事并且告诉户部，程颐的俸禄才得以补上。这真可谓是中国官吏史上的一个奇景。让人称奇的不是户部的疏忽，而是在人人都已经把求俸禄当作习以为常的事情的时候，程颐能保持那样的清醒，意识到做官的目的本来就不是为了求俸。他回答劝他为妻求邑封的人，仿佛是在说："我以往再三推辞不接受朝廷的官职，是为了'道'；现在接受朝廷的官职，也是为了'道'。既然是为'道'出仕，又哪里有考虑个人待遇的余地呢？"

有如此通透的认识，也难怪后来他能成为那样伟大的哲学家了。

弟弟程颐虽然和哥哥程颢的气象不同，但这并不代表他们之间存在实质性的差异。程颢去世的时候，程颐为他写过一篇《明道先生行状》，极言程颢德行之美。等到程颐去世时，他的门人弟子大多已经先他去世，没有人能够形容他的美德。但是，程颐曾经对人说过："我昔状明道先生之行，我之道盖与明道同。异时欲知我者，求之于此文可也。"一句"我之道盖与明道同"，道尽了两人几十年间相互扶持、共同阐明正学的事实。两人的气禀虽然不同，但志向却并无不同。他们的人品、德行、见识，无一不是中国数千年文化史上的瑰宝。

刘晓飞

三苏——一门父子三文豪

"三苏"是苏洵与其子苏轼、苏辙三人的统称,他们都是北宋著名的文学家。父子三人开创了蜀学学派,蜀学主张儒、佛、道三教合一,是与张载的关学、二程的洛学齐名的学派。

苏洵(1009—1066),字明允,与其子苏轼、苏辙同列文学史上的"唐宋八大家"。苏洵与其他同时代的文人士大夫自小好学不同,少年时不喜读书。他自述:"洵少年不学,生二十五岁始知读书,从士君子游。"后来考进士没有考中,他才感到懊悔,将之前所写的几百篇文章全部烧掉,从此闭门研读经书数年,终于能下笔数千言。

嘉祐元年(1056),苏洵带苏轼、苏辙进京应进士试并拜见了欧阳修。欧阳修对他的《衡论》《权书》等文章很赞赏,京城士大夫也争相传看。苏洵的文章多是以说理为目的,且多是针对时事，文风犀利、气势曲折而又能最终到达道理微妙之处。

苏轼（1037—1101），字子瞻，号东坡居士，因此后人称之为苏东坡。苏轼和弟弟苏辙在嘉祐二年一同中进士，这一年进士考试的主考官是欧阳修。欧阳修反对六朝以来的奢华文风，认为写文章应该文字凝练、道理通达，苏轼所作的《刑赏忠厚之至论》正好符合这一点。欧阳修看到后对这篇文章极为赏识，想要将其列为第一名，但又觉得这可能是自己门生曾巩的文章，为了避嫌，将其列为第二名。在欧阳修的赏识和推荐下，苏轼名声大振。

后来苏轼因为父母去世回家守孝，守孝期满后被召到朝廷任职，这时候宋神宗已经即位，王安石开始变法。因为朝廷内外对王安石变法的反对声很大，但王安石坚持己见，欧阳修等官员都被排斥到地方任职。熙宁四年（1071），苏轼也因为上书论述变法产生的弊端，被王安石排挤到杭州任通判。之后苏轼辗转到密州、徐州等地任职，政绩都很显著。元丰二年（1079），苏轼被派往湖州任知州。按照惯例，皇帝任命臣子官职，臣子需要给皇帝进呈"谢表"，这本是例行公事，但苏轼在《湖州谢上表》中说自己"愚不适时，难以追陪新进；察其老不生事，或能牧养小民"，表达了对变法的不满。朝廷的变法派官员揪住这些字眼，又搜集了苏轼其他诗文中对变法的不满之处，弹劾苏轼，认为他讽刺朝政。宋神宗看后震怒，命令御史台将苏轼逮捕治罪。汉朝时，御史台因经常有乌鸦栖居，所以又称"乌台"。这件事就是史上有名的"乌台诗案"。后来幸亏朝中大臣力保以及宋太祖"不杀士大夫"的祖训，苏轼才免于一死而被贬为黄州团练副使。

宋哲宗即位后，太皇太后高氏反对变法，朝廷又将苏轼召了回来。后来苏轼因为反对司马光一味废除新法，为旧党所不容而被排斥到杭州任知州。苏轼在杭州任上疏浚了连通西湖的河道并修筑了堤坝，使得钱塘江水不再漫到西湖中造成水患。苏轼又将疏浚西湖挖出来的淤泥修筑成贯穿西湖南北的长堤以方便人们通行，这就是今天的"苏堤"。宋哲宗亲政之后，苏轼又被贬到海南岛的儋州，宋徽宗即位后才被召回。苏轼在建中靖国元年（1101）病逝于常州。

苏轼是北宋文化史上的重要人物，他在诗文书画各领域都很有成就。他的书法自然洒脱，与黄庭坚、米芾、蔡襄并称为书法史上"宋四家"。他的文章以史论、叙事文为主，如史论《贾谊论》《平王论》文势豪迈、观点新颖，游记《赤壁赋》写景兼说理，在对长江月夜的景色的感悟中达到了精神境界的超脱。他的词作壮美宏阔，开创了宋词豪放派的先河，使词从之前以柔情风格为主上升为寄托人生感悟与性情的文学表现形式。在他之后，词的地位达到了和诗一样的高度。

苏辙（1039—1112），字子由，是苏轼之弟、苏洵之子。苏辙与其兄苏轼在嘉祐二年一同中进士，后来因反对王安石变法被外派到地方任职。苏轼遭"乌台诗案"时，苏辙请求辞去全部官职来为苏轼减罪。哲宗即位后，苏辙被召回京，任门下侍郎等职，位列执政大臣。哲宗亲政后，他被贬到地方。在宋徽宗时，苏辙去世，时年七十四岁。

苏辙认为"父兄之学，皆以古今成败得失为议论之要"，而他又将父兄视为师友，是自己学习的对象，所以苏辙善于论史。他的《六国论》《历代论》《三国论》

都是史论名篇。在诗赋方面,苏辙有大量与苏轼的和诗。他的诗风朴实醇厚,在文采上比其兄稍有逊色,比较著名的有《寄题清溪寺》《赤壁怀古》《喜雨》等。

下面选取苏轼的《赤壁赋》中的一段来体会东坡的人生态度。这篇赋是元丰五年,苏轼因"乌台诗案"被贬于黄州后所作。苏轼以理性和智慧来观照现实,不愿意沉溺在悲伤中,表达了自己对超然洒脱、自由旷达的情感境界的追求。

客亦知夫水与月乎?逝者如斯,而未尝往也;盈虚者如彼,而卒莫消长也。盖将自其变者而观之,则天地曾不能以一瞬;自其不变者而观之,则物与我皆无尽也,而又何羡乎!且夫天地之间,物各有主,苟非吾之所有,虽一毫而莫取。惟江上之清风,与山间之明月,耳得之而为声,目遇

之而成色，取之无禁，用之不竭，是造物者之无尽藏也，而吾与子之所共适。

在《赤壁赋》的结尾，苏轼先是探讨了变和不变的相对性。江水总是不断地流逝，但实际上并没有流走；月亮时圆时缺，却终究没有增减的变化。如果从事物变化的一面看，天地间万事万物时刻在变动，连一眨眼的工夫都不停止；而从事物不变的一面看，万物同我们一样都是永恒的，又有什么可羡慕的呢？

紧接着，苏轼表达了自己超然旷达的人生追求。天地之间，万物各有主宰者，若不是自己应该拥有的，即使一分一毫也不能求取。只有江上的清风，以及山间的明月，是我们每个人都可以拥有的，感受这些也不会有竭尽的忧虑。人生在世，可以尽情地享受大自然无穷无尽的馈赠，在这一方天地之间自得其乐。

解晓昕

杨时——北宋理学南传的关键人物

杨时（1053—1135），字中立，南剑州将乐（今属福建）人，人称"龟山先生"，北宋理学家。杨时自幼聪明伶俐，擅作文章，年龄稍长后，便潜心经史。熙宁九年（1076）中进士第，次年被授予汀州司户参军，但杨时以病为由没有赴任，而是在家读书，专心研究理学多年。元丰四年（1081），杨时任徐州司法，开启了他仕宦的道路。此后杨时到浏阳、余杭、萧山担任知县，又任荆州府学教授、迩英殿说书、右谏议大夫、国子祭酒、龙图阁直学士等职。

在北宋当时的思想界，洛阳的程颢、程颐两兄弟在熙宁、元丰年间讲授孔孟之学，那时中原一代的读书人都拜他们为师，聚集在他们周围。在此期间，杨时也专门投于程颢先生门下，研习理学，后与游酢、吕大临、谢良佐并称"程门四大弟子"。

在众多弟子中，程颢对杨时最为欣赏，他曾说："杨君会得最容易。"等到杨时离开程颢回南剑老家时，程颢专程相送，并望着杨时的背影发出"吾道南矣"的感慨。因为程颢知道，杨时回到南方之后，一定会将自己的理学思想发扬光大。而事实上，杨时也没有让程颢失望，其学传至罗从彦，罗从彦又传至李侗，而李侗的学生就是集北宋五子之大成的朱熹，所以史称"而独龟山之后，三传而有朱子（指朱熹），使此道大光，衣被天下"。

在程颢去世后，杨时虽年已四十，且在理学方面已颇有造诣，但仍以非常恭敬笃实的态度投于程颐门下。他与游酢"程门立雪"的故事成为尊师重道的佳话。不过杨时的治学倾向更接近程颢，史书上曾有"明道喜龟山，伊川喜上蔡（指谢良佐），盖其气象相似也"之语。

在二程理学思想中，非常重视源自《中庸》的"未发"问题。《中庸》中说："喜怒哀乐未发谓之中，发而皆中节谓之和。"意思是当喜怒哀乐这些情感还没有表现出来的时候，内心是一种中道的状态，而如果这些情感表现出来并能够合乎法度，这就是内心的一种和谐状态。但是，这里涉及的主要问题是，《中庸》里的"未发"具体是指什么样的状态？从中又能引出什么样的修养方法？程颐与其门人讨论过这些问题，杨时对此问题也十分重视，所以他说：

> 道心之微，非精一，其孰能执之？惟道心之微而验之于喜怒哀乐未发之际，则其义自见，非

> 言论所及也。尧咨舜，舜命禹，三圣相授，惟中而已。

在杨时看来，人心之中的道德本能是幽微难明的。对于幽微难明的道心，只有从喜怒哀乐这些情感还没有表现出来的时候来检验，这时道心的意涵自然就会呈现，但这不是言语所能表达的。

杨时认为，《中庸》中说的"未发谓之中"的"中"就是《尚书》里说的"道心惟微，惟精惟一，允执厥中"的"中"。《尚书》中要执的"中"就是道心，因此未发之中就是道心。他认为，尧、舜、禹相传的就是执守道心。"道心惟微"是指道心精微隐蔽，很难由认识去把握，所以人需在喜怒哀乐未发之际体验"中"，即体验道心。他还说：

> 学者当于喜怒哀乐未发之际，以心体之，则中之义自见。执而勿失，无人欲之私焉，发必中节矣。

对于学者们而言，应该在自己喜怒哀乐这些情感没有表现出来的时候，用心体会其中的状态，这样做的话自然就会明了"中"的意思。杨时主张坚守"中"的状态，并且不让人内心的各种欲望来干扰这种状态，如此一来，人们产生的所有情感就都能够合乎法度，从而达到一种道德境界。

杨时强调，任何语言文字都不可能将"道"完全表达出来，把握"道"的方式就是在思虑和情绪保持平静的时候，对内心的中道状态进行体验：

> 夫至道之归，固非笔舌能尽也。要以身体之，心验之，雍容自尽、燕闲静一之中默而识之，兼忘于书言意象之表，则庶乎其至矣。

在这里，杨时提出了一种体悟大道的方式。大道的丰富内涵不是语言文字所能穷尽的，必须要亲身体会、用心

验证。只有心态从容不迫、闲暇时内心达到宁静专一的境界，并对此时心中的状态默默体验而牢牢记住，同时也要忘掉各种语言文字的表意，这样差不多就能够领会"道"究竟是什么意思了。

程颐逝世后，杨时整理师学，让二程遗著流传于世，继承并发扬了洛学。他关于中道的解说具有一定的思辨性，对于北宋理学的发展及南传起到了十分重要的作用。

解晓昕

胡安国——深究《春秋》的湖湘学派鼻祖

胡安国（1074—1138），字康侯，号青山，南宋著名经学家，湖湘学派的创始人，建宁崇安（今福建武夷山市）人，故学者称其为"武夷先生"。他去世后，朝廷破格赐谥号"文定"，其意为"道德博文曰文，纯行不差曰定"，所以后世又称他为"胡文定公"。

胡安国出生在传统的书香世家，自幼接受严格的家庭教育，表现出过人的聪慧。在刚学会说话的年龄，他读过几次《训童蒙韵语》后便能背诵。七岁时，胡安国作诗，其中有"自任以文章道德"一句，可见他的高远志向。进入太学后，胡安国跟随朱长文、靳裁之学习，并开始形成自身的思想立场。朱长文曾师从"宋初三先生"之一的孙复研究《春秋》，靳裁之则被认为是明道先生的私淑弟子。受到这两位老师的影响，胡安国开始对《春秋》、二程洛学感兴趣，这也成为后来贯穿他一生的基本学术脉络。

绍圣四年（1097），胡安国参加进士考试，原被主考官评为第一，但由于哲宗亲政后开始恢复新法，罢黜反对新法的旧党人士，而二程是旧党的代表人物，胡安国的策问中又透出洛学的政治态度，所以他差点儿被降为落第。然而哲宗本人十分欣赏胡安国的才华，又亲自将其提拔为第三名。自此以后，胡安国开始了他曲折的仕宦生涯。

最初在江陵府担任教授时，胡安国虽然年少，但他采用雷厉风行的手段，悉数罢免不称职之人，并改革不合理的规章制度，一改原来学校颓废松散的风气。这件事引起了当地较大的震动，也展现出胡安国出色的教育治理能力。后来，胡安国又多次升迁，均坚持秉公尽职，"足不蹑权门"。他不仅拒绝权贵的笼络，而且敢于直谏，积极举荐才德兼备的平民学子为官。

当时，以蔡京为首的奸佞掌握朝中大权，特立独行的胡安国屡次遭到陷害，因此他逐渐对官场产生了失望和厌恶之情。听闻母亲病重后，胡安国便辞去官职，专心在家侍奉。母亲去世，他更是守孝长达六年。

守孝结束后，父亲胡渊染病，不久便与世长辞，这使胡安国再次遭受沉重的打击，更不想重返官场了。

从宋徽宗政和元年（1111）到宋钦宗靖康元年（1126），胡安国推辞了朝廷的多次任命，但随着金军对宋朝的不断入侵，胡安国再也无法按捺住忧国忧民的心情。靖康元年六月，胡安国终于前往京师，向钦宗上疏陈述救国方针，后被任命为中书舍人。在位期间，胡安国坚定地劝谏皇帝实行主战立场，这使他又受到主和派官员的孤立和陷害。皇帝轻信谗言，派他前往通州。不久之后，金军大举南下，攻陷了京都开封府，并将其重重包围。当时，胡安国之子胡寅仍在京城任职，别人为他儿子感到担忧，胡安国却说：

主上在重围中，号令不出，卿大夫恨效忠无路，敢念子乎！

在国家危在旦夕的现实面前，胡安国痛心于自己无法力挽狂澜，将儿子的安全置于民族大义之后。

金军掳走宋徽宗、宋钦宗后，北宋就此灭亡，史称"靖康之变"。南宋建立，胡安国又被任命为中书舍人兼侍讲，上书了《时政论》。在《时政论》中，胡安国表达了自己对时局的看法，劝谏皇帝及时对内政的弊病之处进行改革，树立抗金复国的坚定决心。然而，宋高宗偏安一隅、不思进取，并没有采纳建议，而是仍然重用过去主张投降的一派人士，这使胡安国再次感到极度失望。最终，他决定辞官，专心从事学术研究和教育工作。

胡安国退出官场后，在湖南衡山一带隐居，继续进行《春秋传》的编撰。其实，自胡安国少年时期在太学跟随朱长文开始接触《春秋》后，他在生平的大部分时间中，一直将解读《春秋》作为自身学术研究的核心。他对此亦有总结：

> 某初学《春秋》，用功十年，遍览诸家，欲求博取以会要妙，然但得其糟粕耳！又十年，时有省发，遂集众传，附以己说，犹未敢以为得也。又五年，去者或取，取者或去；己说之不可于心者，尚多有之。又五年，书成，旧说之得存者寡

矣。及此二年，所习似益察，所造似益深，乃知圣人之旨益无穷，信非言论所能尽也。

自王安石实行变法，科举考试不再以《春秋》为考察对象，而是以《三经新义》为新的教材。胡安国对此十分愤慨，认为《春秋》是断然不可废的经典，于是努力研究《春秋》，广泛吸收诸家学说。但根据他的反思，自己在最初的十年中，收获的都是糟粕部分，并未把握到其中的核心精华。其后一个十年，则是他"遂集众传，附以己说"的阶段。在这个阶段，胡安国开始将搜集的众多材料加以整理，并尝试加上自己的想法，但仍然没有产生太多心得。根据推测，这段时间大概为1115年到1125年，正对应他在家为父母服丧、专心治学的时期。第三个阶段共五年，胡安国在民族危亡之际再次出仕，同时开始撰写《春秋传》的初稿，对其中的内容加以衡量取舍，即所谓"去者或取，取者或去"。第四个阶段也是五年，胡安国下定决心辞官后，于湖南隐居以全力著述，最终《春秋传》得以成书。此时受到国家覆灭冲击的胡安国，不仅思想日益成熟，而且对《春秋》的现实意义有了更加深切的体会。最终，《春秋传》被宋高宗赞许为"深得圣人之旨"，成为后世科举考试的经典教科书，在中国传统哲学史上有着非常重要的地位。

除去《春秋传》，胡安国还著有《资治通鉴举要补遗》《文集》等，可见他是融贯经、史、文的一代大家。无论高居庙堂还是归隐南岳，胡安国始终保持着对当下政治社会、民族民生的热切关注，坚持经世致用的治学风格，秉持复兴儒学的自觉意识。更重要的是，他所开创的湖湘学派，成为当时影响力最大的学术团体，并由后来的胡宏、张栻继续发扬壮大，推动了理学的发展。

张良浩

胡宏——湖湘学派理论体系的奠基人

胡宏（1106—1162），字仁仲，南宋著名的理学家、政治家，与其父胡安国一起创立了碧泉书院，是湖湘学派的创始人之一。他生于崇安（今福建武夷山市），但由于常年在湖南衡山五峰（祝融、天柱、芙蓉、紫盖、石廪）区域居住和活动，所以又号"五峰"，世人也将其称为"五峰先生"。

胡宏是胡安国的小儿子，与其兄胡寅、胡宁以及堂兄弟胡宪和胡实均为当时具有影响力的学者。胡宏称自己"幼闻过庭之训，至于弱冠，有游学四方，访求历世名公遗迹之志"，这说明他的思想内容和学术特点，在很大程度上是对其家学的传承。在父亲胡安国的引导和影响下，他先后拜访和结识了二程门人中最有名望的弟子，即杨时、侯仲良和谢良佐。

胡宏很早就坚定了继承孔孟之道的志向，并将二程作为接续道统的正途。年仅十五

岁时，胡宏就撰写了《论语说》，阐发自己对于《论语》的观点。后来他又编订《程子雅言》并为之作序，在序言中表达了自己对于圣人之道的强烈向往。

在广泛钻研和吸收"北宋五子"著述的基础上，胡宏不拘于一家之言，建立起独特的思想学说，在宋代理学的形成和发展中起到了承上启下的作用。他在湖南地区开展讲学等教育活动，从学弟子达上千人，因此湖湘学派在宋朝南渡后最先形成鲜明的学术系统，并且成为当时最富有规模的学术群体，对后世产生了深远影响。

胡宏的著述不多，代表性作品有《知言》《皇王大纪》《五峰集》等。由于弟子早逝、后继无人，且受到以朱子为代表的学者们的强烈批评，湖湘学派在后期逐渐走向没落，胡宏的思想也因此长期未能得到足够的彰显。清朝著名史学家全祖望在《宋元学案》中对胡宏的学术成就给予了很高的评价：

> 绍兴诸儒所造，莫出五峰之上。其所作《知言》，东莱以为过于《正蒙》，卒开湖湘之学统。今豫章以晦翁故祀泽宫，而五峰缺焉，非公论也。

全祖望引用吕祖谦的言论，认为胡宏的《知言》胜过张载的《正蒙》，并且明确提出《知言》是南宋湖湘学派的经典著作，肯定了胡宏在理学发展和传播过程中的重要地位，为后世对胡宏的重视不足表达了遗憾。

胡宏在《知言》中提出的著名命题包括"性体心用""性无善恶""天理人欲，同体异用"等，也是他的思想体系中最富有特色的几个观点。首先，关于"性体心用"，他称："圣人指明其体曰性，指明其用曰心。性不能不动，动则心矣。"也就是说，胡宏认为"性"是无法孤立、静止存在的，必须在流行发用中才能确认自己的存在内涵，而"性"一旦运动便成了"心"，并通过"心"来发挥具体的作用。其次，关于"性无善恶"，胡宏将"性"作为宇宙万物的本源，因此不赞同用"善恶"

这种经验性的价值判断来描述。在儒学的传统中，除荀子认为"人性恶"外，后世学者大都继承孟子"性善"的思路，来论述普通人成就道德的内在基础。胡宏却称"孟子说性善云者，叹美之词，不与恶对"，将孟子的"善"解释为称赞人性博大精深的"叹美之词"，这就在一定程度上巧妙地化解了自身与传统学说间的矛盾。最后是"天理人欲，同体异用"，胡宏认为"天理"和"人欲"在本质上是统一的，其分辨之处在于是否合乎"中节"，即是否符合其原本的分寸度。

胡宏生活在两宋交替之际，社会动荡不安，民族矛盾和阶级矛盾空前尖锐。他终身不仕，在衡山脚下"优游二十余年"，并非逃避现实和空谈性命，而是无意于功名利禄，希望专心致志地探究圣人之道，并将

其与社会现实结合起来。

绍兴八年（1138），胡安国去世，胡宏一家失去了本不宽裕的俸禄供给，生计变得更加艰难。但胡宏即使在最困窘之时，也一直心系国家危亡，积极地对当朝统治者建言献策。比如在他撰写的《上光尧皇帝书》中，他对内建议君主实行仁政、任用贤才，提出体恤民众、发展生产的政治主张；对外详细地分析了国家形势，提出了抗击金军、收复中原的军事对策。胡宏痛斥当朝主和派的妥协行径，劝谏皇帝不应偏安一隅，忘却祖宗大辱。然而当时秦桧把持朝政，对外求和，对内陷害忠良。《上光尧皇帝书》中的慷慨陈词，竟然没有得到皇帝的任何回应，胡宏因此对当局益感失望。

胡安国早年经游酢引荐结识秦桧，后秦桧弄权卖国，胡氏遂与之绝交。秦桧曾致书胡寅，邀请胡氏子弟出仕，以求扩充其私党规模，遭到胡寅的严词拒绝。胡宏于绍兴十七年写了《与秦桧之书》，再次对秦桧的提拔表示拒绝，并表达了自己的志向和追求。其中关于"大丈夫"的叙述，为人们称颂：

至于杰然自立，志气充塞乎天地，临大节而不可夺，有道德足以赞时，有事业足以拨乱，进退自得，风不能靡，波不能流，身虽死矣，而凛凛然长有生气，如在人间者，是真可谓大丈夫矣。

胡宏强调大丈夫的志气充斥于天地之间，没有什么可以夺走它。它可以造就道德风气，可以拨乱反正。它进退自如，大风吹不倒，大浪冲不走，就算躯体死了，也会万古长存。胡宏在其中描绘的"大丈夫"形象，正是他自身视富贵如浮云的高尚气节以及在权威面前坚守正道之精神的真实写照。由此，胡宏不愿同流合污、攀权附势，只愿做一个有大节、有道德的正人君子的形象跃然纸上。

张良浩

朱熹——集宋代理学之大成者

朱熹（1130—1200），字元晦，又字仲晦，号晦庵，别称紫阳，祖籍徽州婺源（今属江西），生于南剑州尤溪（今属福建），南宋时期理学家、教育家、诗人。他去世后朝廷赐予他"文"的谥号，故世称"朱文公"。朱熹著述甚多，有《四书章句集注》《诗集传》《周易本义》《楚辞集注》，后人辑有《晦庵先生朱文公文集》《朱子语类》等，其中《四书章句集注》成为钦定的教科书和科举考试的标准。

朱熹是二程的三传弟子李侗（1093—1163）的学生，后其学问与二程合称"程朱学"。少年时，朱熹师从父亲的知己胡籍溪、刘白水、刘屏山，对佛家和道家产生了兴趣。自二十多岁受学李侗之后，朱熹一直专心于儒学。他整理了周敦颐、张载、二程的说法，解读了孔孟的思想，后来发展成为性理学。

朱熹的主要思想是三个——理气论、性

即理说及格物致知论。对于理气论,他讲:

> 未有天地之先,毕竟也只是理。有此理,便有此天地;若无此理,便亦无天地,无人无物,都无该载了!有理,便有气流行,发育万物。

从现代西方学术体系来看,理气论是属于存在论的范畴。理是宇宙的根本,天、地、人、物都由理产生、负载。有理才有气,由气化流行而发育万物。通过理和气的概念,朱熹解释了宇宙万物的存在结构及其生成根源。朱熹认为,所谓理是先于自然现象和社会现象的形而上者,是事物的规律。

对于性即理说,朱熹讲:

> 天命之性,万理完具;总其大目,则仁义礼智,其中遂分别成许多万善……性只是理,万理之总名。此理亦只是天地间公共之理,禀得来便为我所有。

性即理说属于人性论领域。朱熹说，性本于理，而理又是纯粹至善的道德标准，故性无有不善，性即理的具体内容就是仁义礼智。

格物之说，最先由程颐提出：

> 格犹穷也，物犹理也，犹曰穷其理而已也。穷其理，然后足以致之，不穷则不能致也。格物者适道之始，欲思格物，则固已近道矣。是何也？以收其心而不放也。

程颐认为格物是推究事物之礼，具体方法是由逐渐积累学习到触类贯通，格物致知的过程实际上是体会认识事物所固有之理的过程。

朱熹对于程颐的论格物，十分推崇：

> 程子之说，切于己而不遗于物，本于行事之实，而不废文字之功。极其大而不略其小，究其精而不忽其粗。

在程颐思想基础上，朱熹提出了系统的格物致知论。格物致知论属于认识论，朱熹强调通过究察事理（格物）才能获得知识（致知）。另外，朱熹认为从格物到致知是认知由近及远、由浅入深、由粗到精的过程，也是积累到贯通的过程，格物与致知是认知过程中不可缺少的两个方面。

朱熹是积极参加讨论活动的人，他的许多著述都是热烈讨论之后的成果。其中《近思录》就以朱熹、吕祖谦的共同作品而著称，《四书章句集注》也在朱熹与陆九渊"鹅湖之会"以后完成度更高。他通过讨论掌握了说服反对立场的技巧。因此，他可以完成多数人能够理解的学问，而不是服务于少数人的学问。可以说，他通过与别的学者相互切磋磨砺，使自己的思维飞速发展和深化。

在南宋以前，婚礼和祭礼等都是王族等特定阶层的专有物，但是朱熹引领了礼的大众化。为了纠正当时混乱的政局，他摸索出解决方案，认为应该端正礼学。"修身齐家治国平天下"是儒学的基本纲领，朱熹也认为为了"平天下"应"齐家",而为了"齐家"就需要有"礼"。所以,他整理了多种礼书,编纂了《朱子家礼》,并带头普及礼学。得益于此,南宋之后,不仅仅是士大夫,婚礼和祭礼等还普及到了普通百姓家。另外,《朱子家礼》还传播到了东亚其他国家,成了礼学的方位标。

朱熹是儒学型官员的楷模,他以"理学集大成者"著称,使他在稳定民生方面的功绩一直被其学术贡献掩盖,不为大众所知。他在同安任职时致力于经济改革,还平息了民乱。另外,淳熙六年(1179),朱熹知南康军,着手大力修复紫阳堤。在淳熙十五年上书的《戊申封事》中,他提出皇帝要执行的六件事,表达了自己的治国思想。典型的儒学型官员形成于宋代,将朱熹称为其榜样并非溢美之词。

另外,朱熹的主要功绩之一就是重建书院、设立精舍。他在武夷山的武夷精舍、江西的白鹿洞书院等致力于培养后学。其中,朱熹为白鹿洞书院所拟的学规很好地体现了他的教育观。《白鹿洞书院学规》的"父子有亲,君臣有义,夫妇有别,长幼有序,朋友有信"告诉我们,他的教育"以生活为中心";而"博学之,审问之,慎思之,明辨之,笃行之"说明他的教育"以讨论和参与为中心"。另外,《白鹿洞书院学规》不仅成为后续中国封建社会书院规约的范本,还对韩国、日本等国家产生了巨大影响。

钱穆先生说:"在中国历史上,前古有孔子,近古有朱子,此两人,皆在中国学术思想史及中国文化史上发出莫大声光,留下莫大影响。"朱熹是唯一非孔子亲传弟子而享祀孔庙,位列大成殿十二哲者,被后世尊称为"朱子"。朱熹的儒家学说不仅影响了中国本土,还对韩国和日本等东亚地区,甚至全世界产生了影响。

柳旻定

张栻——忧国忧民的湖湘学派学者

张栻（1133—1180），字敬夫，号南轩，是南宋著名的理学家，和吕祖谦、朱熹并称为"东南三贤"。张栻去世后朝廷赐予他"宣"的谥号，因此后世又称他为"张宣公"。张栻的祖籍是四川绵竹，他的父亲张浚是南宋著名的宰相。张栻少年时便居住于父亲任职的湖南，因此他虽然是四川人，但是接触更多的还是湖南学者。

张栻在少年时便开始学习二程的理学。他推崇孔子弟子颜回的道德修养方法，在二十七岁时汇集了各种书籍中关于颜回的言行，将其编辑成《希颜录》，希望按照颜回"默识心通"的方式修养自己的德行。这一年他听说湖湘学派的大儒胡宏在衡山讲授二程的学问，于是就写信向胡宏请教。两年后的绍兴三十一年（1161），张栻前往衡山拜见胡宏。胡宏因为张栻的父辈喜好佛教为由拒绝见他，张栻再三恳请才得以见到胡宏。交谈中,胡宏对张栻的学问气度很欣赏,将二程对孔子"仁"的观点传授给他,让他思考"忠心"和"清正"并不是"仁"的道理。张栻只见过胡宏一次,胡宏就去世了,但是张栻认真阅读胡宏的著作并思考其教导,继承了胡宏的思想。

宋孝宗即位之初的隆兴元年(1163),朝廷计划北伐中原收复失地,任命张栻的父亲张浚为魏国公,主持北伐,张栻也因为这个机会被派到宋孝宗身边当联络人。张栻在朝廷中展现了自己的才干,因此宋孝宗很器重他,也是在这个时候张栻结识了朱熹。隆兴二年,宋军在符离与金国军队交战失败,张浚被罢免了职务,不久就去世了。张栻在护送张浚灵柩回乡的船上与前来吊唁的朱熹相处了几日,二人至此结为莫逆之交。

张栻在长沙居丧期间,潭州知州刘珙重修了岳麓书院并聘请张栻主持书院,张栻于是在岳麓山下讲授二程和胡宏的学说。当时朱熹对以胡宏为代表的湖湘学派的学说有很多不解,于是在乾道三年(1167)亲自前往长沙向张栻请教。二人在长沙、衡山等地相处了三个月并一同在岳麓书院讲学，系统地讨论了《中庸》的性情和道德践履方法等问题。在岳麓书院一同研读《中庸》时，二人讨论了三个日夜，意见也没有完全达成一致。这次见面之后，朱熹对湖湘学派的学说逐渐认同，但在两年后又推翻了之前的观点，建立起了自己的学问基础，即从"心统性情"的角度来解释《中庸》的性情问题。之后朱熹写信给张栻，张栻也认同了朱熹并修改了胡宏的观点。

后来宋孝宗起用张栻到朝廷任职，在不到一年的时间里召见了他六七次。当宋孝宗想要趁金国遭灾出兵时，他劝说皇帝要真诚地修养自身的德行，关心百姓的疾苦，积累国家的财力之后再审慎地谋划收复中原的大业。宋孝宗很欣赏他的观点，表示应让张栻当讲官，那样他们就可以经常交谈了。张栻在朝时屡次劝谏皇帝要屏退身边的小人，因此遭到一些官员的嫉恨，很快便被外放到地方任职。张栻因此辞官回长沙继续主持岳麓书院。淳熙七年（1180），张栻病重，弥留之际他还在手写给宋孝宗的上书，劝谏皇帝亲君子远小人，好恶之情要合乎公理，忧君忧国的情怀可见一斑。

张栻的性格平和温厚，对事物的道理通达明彻。朱熹说他自己的学问是一步步积累的，但张栻资质高，很早就对圣人之道的根本有所领悟。张栻著有《论语解》《孟子说》《太极图说》等，对胡宏的观点有所继承、修正，成为湖湘学派的代表人物。张栻长期执掌岳麓书院，他认为学生读书不是为了求取功名、雕琢文字，而是为了学习圣贤所阐明的宇宙人生的道理，进而救济天下百姓。这种宇宙人生的道理的核心就是孔子所说的仁、孟子所说的恻隐之心。在该理念的指导下，岳麓书院培养了一批经世致用之士，下面我们节选一段张栻的《潭州重修岳麓书院记》来了解他的教育理念和追求。

惟民之生，厥有常性，而不能以自达，故有赖于圣贤者出而开之。是以二帝三王之政，莫不以教学为先务。至于孔子，述作大备，遂启万世无穷之传。其传果何与？曰仁也。仁，人心也，率性立命，知天下而宰万物者也。

张栻认为每个人出生时都有其作为人的本性，但是一般人并不能让这种本性完美地落实，只有圣贤才能让百姓的本性彰显出来，这种彰显、落实是通过教学的手段实现的，所以古代帝王的政教措施都以教学为重点。由此可见，张栻继承了儒家的传统观念，认为人才的培养离不开教育。孔子则将这种教学内涵的原则系统化，让后人都能明白。那孔子传的是什么？是仁。仁是最本然的善心，人只有通过仁才能将自己的本性彰显出来，在成就自己的基础上也成就他人。

今夫目视而耳听，口言而足行，以至于食饮起居之际，谓道而有外夫是，乌可乎？虽然，天理人欲，同行异情，毫厘之差，霄壤之缪，此所以求仁之难，必贵于学以明之与？善乎，孟子之得传于孔氏，而发人深切也！齐宣王见一牛之觳觫而不忍，则告之曰"是心足以王矣"。古之人所以大过人者，善推其所为而已。论尧舜之道本于孝弟，则欲其体夫徐行疾行之间；指乍见孺子匍匐将入井之时，则曰"恻隐之心，仁之端也"，于

此焉求之，则不差矣。

那么如何求仁呢？在张栻看来，孟子在阐明孔子仁德的内涵上是最精确的，建议将孟子作为学习对象。因此，他讲了一个故事。齐宣王看到一头将要被杀的牛在瑟瑟发抖，产生了不忍之心，孟子就启发宣王说，王者只是把这种不忍之心推及到了百姓身上，就实行了王政，这种不忍之心就是王道的基点。孟子还认为从孝悌推衍出去就可以实践尧舜之道，从恻隐之心推衍到方方面面就可以实现仁德。

通过对孟子所说的几点去体会，就基本找到了求仁的方法。这就是张栻早年提倡的察识端倪的道德实践方法。张栻将自己的一生投身于求仁的实践中，哪怕生命走到尽头也还在规劝君王亲君子、远小人，其实就是曾子所说的"仁以为己任，不亦重乎？死而后已，不亦远乎"的真实写照。

解晓昕

吕祖谦——史学见长的金华学派鼻祖

吕祖谦（1137—1181），字伯恭，婺州（治今浙江金华）人，南宋著名理学家、史学家，人称"东莱先生"，金华学派（又称婺学）的代表人物。他少年时便向林之奇、汪应辰、胡宪学习，同时又受到家学熏陶，博通诸家学说。吕祖谦是尚书右丞吕好问的孙子，曾因祖恩被朝廷授予将仕郎，但吕祖谦立志于通过科举而非恩荫入仕。隆兴元年（1163），他高中进士，被朝廷授予官职。

靖康二年（1127），金国攻破了北宋都城开封府，北宋由此灭亡。康王赵构临危即位，这就是宋高宗。经过数年的战争，金国占领了淮河以北的广大领土，宋高宗只得迁都临安（今浙江杭州）。南宋君臣时刻都想着收复中原故土。宋孝宗即位之初北伐中原失利，吕祖谦在面见皇帝时进言说，对于恢复中原的总体规划应当早日确定下来，具体的计划也应该审慎制订。另外，陛下应当广收四方豪杰之士，积累实力，臣希望辅助陛下详加考察，使计划的制订得以完备，并分清主次，排定先后，这样的话就不会贸然出兵以致失败，恢复中原的大业就有希望了。吕祖谦忧国忧民、渴望将所学付诸实践的情怀可见一斑。

吕祖谦曾经读过陆九渊的文章并非常赞叹，后来吕祖谦担任进士考试的考官，在糊名的文卷中看到了一篇好文章，他断定"必是江西陆子静之文"，果然当年陆九渊中了进士。吕祖谦也与同时代的大儒朱熹交往密切。淳熙二年（1175），吕祖谦前往福建探望朱熹，在朱熹构筑的寒泉精舍中留宿了十几日。这期间，他与朱熹一同研读北宋理学家周敦颐、张载、程颢、程颐的著作。他们认为四人的著作内容宏富，因而初学者不太能完全理解，于是将其中的重要部分按照道体、为学、致知、存养等十四个条目分类汇编为一部书，这样初学者就可以抓住理学的核心内容来学习。这部书就是著名的《近思录》。

吕祖谦鉴于朱熹和陆九渊的学说之间分歧较大，便想居中调和，因此在淳熙二年邀请陆九渊和朱熹一同在信州（今江西上饶）鹅湖寺相会，以求相互交流而达成一致。朱熹和陆九渊在鹅湖寺对"为学之方"展开了讨论，但二人的意见最终没有达成一致。这场哲学辩论会就是著名的"鹅湖之会"。后来，吕祖谦因编撰《皇朝文鉴》受到了宋孝宗的嘉奖。书成之后不久，吕祖谦就去世了，卒年四十五岁。

吕祖谦以北宋理学家张载、二程为其学问宗师，但同时他又强调学以致用，非常重视史学研究对实践的借鉴意义，著有《历代制度详说》《春秋左氏传说》《东莱左氏博议》《吕氏家塾读诗记》等经史著作。学史的目的不仅在于多记知识，更关键的在于通过对历代盛衰兴亡的分析、探究发现一些有利于社会治理的普遍性原则。吕祖谦撰写《历代制度详说》等书就是为了考究历代制度等方面的成败，为当时的政治实践提供借鉴。下面节选《历代制度详说》中《宗室详说》的一部分来看吕祖谦对历代制度的评论。

宗室是指皇帝的骨肉血亲。周代分封宗室为诸侯以保卫天子，宋代的选官制度则是继承隋唐的科举制，但宋代科举取士的规模却远大于隋唐，吕祖谦认为周、宋二代之间所遵循的原则有着公私之分，显然公天下的选官制度更有利于社会治理。在《宗室详说》中，他首先对比了周代和宋代对待宗室的不同态度：

> 概之宋朝之盛，则周又未免有私天下之道也。何也？尽用骨肉以自守其天下，而不待于遍聚天下之贤才以共守之，是家天下者也。若夫祖宗则可谓盛美，虽有同气至亲，列之高爵，置之重位，而未尝任之以事也。连屋而居之，人人而禄之，旦司暮察，惟恐以富贵自快也。

吕祖谦认为周代是以天下为私的。为什么这样说呢？周天子分封骨肉亲戚来守天下，但却不遍聚天下之才来共同治理天下，这其实是家天下，以天下为私。反观宋代则不然，即使是皇帝一母同胞的至亲，朝廷也只是给他们很高的爵位却不让其参与政事。朝廷还让宗室们相互比邻而居，给他们俸禄，但派官员日夜监察，唯恐他们沉湎于富贵而做出不法的事情。既然宗室不参与政治，那么谁来和皇帝一起治理天下呢？

于是招罗天下之士，比岁辄举，无问其族姓之所从出，土地之近远，南北之不同，其进之惟恐不速，用之惟恐不尽也。与天下之贤共守天下之法，虽公卿之子弟，一筦库之微职犹禁而不与，曰"是不可以先寒士而进也"，而况于宗室骨肉乎？

在吕祖谦看来，宋代皇帝是召集天下的读书人来共治天下。朝廷连年举行科举考试来选拔能人做官，不管他们来自什么地方，抑或是谁家的子弟，只要是优秀的人才，朝廷就一律任用他们。皇帝与天下的贤者共同守护社会的法度。虽然是公卿的子弟，但是一个管库的小官也不给他们，因为公家要遵循公平的原则，对待宗室子弟同样如此。那如果宗室之中也确有堪当大任的人，他们在官府中任职是不是和别人有差别呢？

熙宁以后，易以外官，从仕州县，反使之俯首趋伏于长吏，以同寒士升黜之法。顾如成周宗盟之义，诚自谦抑而不可居，则祖宗以大公之道被冒于天下，而不私于一家，岂非过绝于成周而独隆于百世哉!

宋神宗熙宁以后,有宗室子弟在州县任职的人,尽管他们是天潢贵胄,在上级长官面前依然要俯首跪拜。他们的官位升降与考核制度也和普通官员一样。由此看来,虽然宋代帝王自谦地认为自己没有周天子那样盛大的德行实行分封,但实际上他们以大公无私之道行于天下,不视天下为私有,这岂不是比周代还盛大而冠绝古今!

吕祖谦通过《历代制度详说》一书,积极探索历朝历代制度的变革过程,分析这些制度的利弊,思考产生的原因,并联系历史条件,进行讨论,提出看法。从历代史事兴衰得失中总结经验教训,成为统治者立政行事的借鉴,这就是吕祖谦"致用"思想的体现。

解晓昕

陆九渊——"发明本心"的心学宗师

陆九渊（1139—1193），字子静，号存斋，南宋理学家、教育家，抚州金溪（今属江西）人，因讲学于象山（今江西贵溪西南），自称"象山居士"，学者称之"象山先生"。他在思想上独树一帜，学术界通常将其思想称为"象山心学"。

陆九渊生于一个九世同居的封建世家，他的八世祖陆希声曾在唐昭宗时任宰相，五代末因避战乱迁居金溪，于是买田营生，富甲一方。金溪陆族经过几代变迁，到陆九渊出生时，家境已衰败。他三岁丧母，此后由兄嫂抚养成人。陆九渊自幼聪颖好学，喜欢究根问底，幼时便开始"思天地何所穷际不得，至于不食"。后来读《论语》，他就怀疑孔子的高徒有子的言论非常支离，没有切中圣人之学的要害；读二程之书，他认为程颐的言论不太像是孔孟之学。到了十三岁时，陆九渊读古书至"宇宙"二字解说时，终于弄明白了其中奥妙，写下"宇宙内事乃己分内事，己分内事乃宇宙内事"，又说"宇宙便是吾心，吾心便是宇宙"。这两句话几乎可以成为象山心学的标志。

陆九渊到了三十四岁才中进士，三十六岁任靖安县主簿，次年参加了由吕祖谦主持的鹅湖之会，与朱熹展开了激烈的学术讨论，四十四岁调京师任国子正和删定官，五十三岁知荆门军。陆九渊在荆门任上时间虽短，但经过一年左右的认真治理，荆门地区"政行令修，民俗为变"。当时的丞相周必大称赞说，荆门之政是陆九渊事事躬行的结果。然而在荆门任上一年之后，陆九渊便病故了。

临终之前，陆九渊对身边亲近的弟子提起兄长陆九龄，说他有志天下，却未能施展才干就去世了，其实也从侧面表达了自己壮志未酬的遗憾。棺殓时，官员百姓痛哭祭奠陆九渊，满街满巷充塞着吊唁的人群。出殡时，送葬者多达数千人。

象山之学强调学者贵在"发明本心"，那本心具体指什么？既然人人都有了本心，但为何并非人人都是

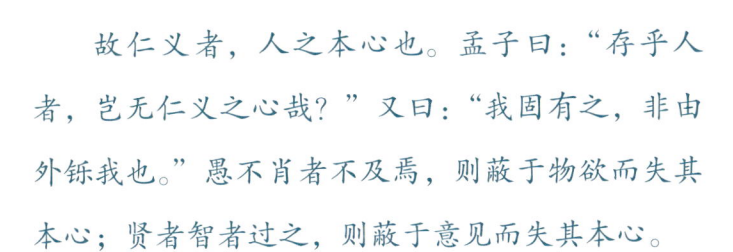

道德的？对于这些问题，陆九渊解释道：

> 故仁义者，人之本心也。孟子曰："存乎人者，岂无仁义之心哉？"又曰："我固有之，非由外铄我也。"愚不肖者不及焉，则蔽于物欲而失其本心；贤者智者过之，则蔽于意见而失其本心。

在陆九渊看来，本心就是仁义这种道德的自觉能力。孟子曾说："在一些人身上，难道就没有仁爱与正义的心吗？""这种仁义之心是我天生就有的东西，不是外力强加在我身上而形成的结果。"从中，陆九渊分析得出：愚笨的人和品行不好的人之所以没有达到这种道德要求，是因为被物质欲望所蒙蔽，从而失去了他们的本心；而才能卓著和智力非凡的人之所以也表现得不道德，是因为他们被各种思想和意见所蒙蔽，进而同样失去了本心。

对于本心具体指什么这个问题，仅仅搬用孟子的话还并不容易让人清楚领会。比如他的弟子杨简在担任富阳县的主簿时，曾求教陆九渊"如何是本心"。陆九渊借用孟子的话回答他，但杨简依旧无法完全领会。直到有一次杨简在公堂上裁断了一桩因卖扇纠纷引发的案件，陆九渊告诉他："闻适来断扇讼，是者知其为是，非者知其为非，此即敬仲本心。"也就是说，陆九渊认为，刚刚杨简在裁断这桩卖扇的案件时能够厘清其中是非曲直，这种分辨是非的能力就是本心。听了陆九渊的回答后，杨简一下子大悟。

为了"发明本心"，陆九渊要求人正视对自身欲望的克服以及去除人心中的遮蔽。因为在他看来，本心和外物接触的时候不免会散失，以至于逐物而行，失其本心。所以他强调，"多欲"是"吾心之害"：

> 夫所以害吾心者何也？欲也。欲之多，则心之存者必寡，欲之寡，则心之存者必多。故君子不患夫心之不存，而患夫欲之不寡，欲去则心自存矣。

陆九渊认为欲望是戕害本心的东西。欲望多了的话，本心中所能保留下来的东西就少了；欲望如果减少,那么本心所能存续下来的东西就会增多。作为君子,要担心的是自己的欲望没有减少。陆九渊存心去欲的主张跃然纸上。

淳熙二年的鹅湖之会上,虽然朱熹和陆九渊的学术目标都是"同植纲常,同扶名教",但是在如何"行道"、如何"成圣"等具体观点上存在着巨大的分歧。可以说,鹅湖之会是理学内部理学和心学的一场重要且著名的争论,公开了双方的学术分歧。

对于陆九渊和朱熹学问路向的差异,陆九渊在赴会途中拟诗一首,表达了自己的观点:

墟墓兴哀宗庙钦,斯人千古不磨心。
涓流积至沧溟水,拳石崇成泰华岑。
易简工夫终久大,支离事业竟浮沉。
欲知自下升高处,真伪先须辨只今。

悲哀、钦敬之心是人所共有的本心，它历经千古也不会消损。此处，陆九渊再次强调以心为本，心才是永不磨灭的道德本体。涓涓的细流总会积累成苍茫的大海，像拳头一样大小的石块也可以垒成巍峨的泰山。易简质朴直达本心的为学之道才是永恒的事业，旁求他索不着根本的支离之学只能浮沉不定。陆九渊以言简意赅的诗句，褒扬了自己的学术主张，批评了朱熹一派泛观博览等观点的支离性。陆九渊的诗就像一根导火索，点燃了鹅湖之会的战火，成就了这场中国思想史上的学术辩论大会。陆九渊通过鹅湖之会，宣扬了心学的主张和立场，提高了心学的地位，扩大了心学的影响力。

解晓昕

杨简——浙江的心学传承人

杨简（1141—1225），字敬仲，慈溪（治今浙江宁波慈城镇）人，因筑堂于慈湖之上，人称"慈湖先生"。杨简年轻时就读于太学，宋孝宗乾道五年（1169）考中进士。杨简中进士在陆九渊之前，且陆九渊仅仅年长杨简两岁，但杨简后来依旧对陆九渊行弟子礼。

杨简在富阳担任主簿时，当地很多人都以经商为业，并不重视学问。鉴于这种局面，杨简就在当地兴办学校，培养读书人，使得富阳当地的文风逐渐兴盛起来。杨简被调任到绍兴府主管狱讼刑罚期间，事必躬亲，几乎所有案子都亲自审讯，而且他会很耐心地听犯人将实情吐露出来。后来杨简在庆元党禁中遭到贬斥，因而家居十四年，致力于著书讲学。直到嘉定元年（1208），他才被重新起用。之后他出任温州知府，在当地推行教化，一方面尊重贤者和读书人，另一方面发布文告罢去妓女的名籍。这些举措都在当地产生了很好的反响。

杨简为官廉洁奉公，对自己要求甚严。当他听到别人建议他利用职权改善生活时，他回复道："我怎么敢用民脂民膏为自己牟利呢！"在杨简担任主官的地方，民风都得到了明显改善，百姓之间相处和睦，街巷没有争斗声，百姓敬爱他如同敬爱父母。

杨简是陆九渊门下最具影响力的弟子。据记载，杨简在富阳任主簿时，通过陆九渊点拨，知晓明辨是非的能力就是本心。杨简对象山之学不但是继承，也有所发展。对于本心被蒙蔽的原因，象山的解释是"愚不肖者蔽于物欲，贤者智者蔽于意见"，即物质欲望和思想意见是蒙蔽本心的两种原因。而杨简认为，人的一切过失都起源于"意"：

人性皆善，皆可以为尧舜，特动乎意则恶。

千失万过，孰不由意虑而生乎？意动于爱恶，故有过；意动于声色，故有过；意动于云为，故有过。意无所动，本亦无过。

人心本正，起而为意而后昏，不起不昏。

杨简认为人的本性都是善良的，人人都可以成为像尧、舜那样的圣人，只是由于"意"，人才会产生各种错误的言行举动。这个"意"包括由于好恶而生起的"意"，由于淫声和美色而生起的"意"，由于言行影响而生起的"意"。因为生起了"意"，才导致本心被遮蔽而变得昏沉；如果不生起"意"，本心就不会昏沉下去。

那么"意"具体是指什么呢？对此，杨简解释道：

何谓意？微起焉，皆谓之意；微止焉，皆谓之意。意之为状，不可胜穷，有利有害，有是有非……若此之类，虽穷日之力，穷年之力，纵说横说，广说备说，不可得而尽。

杨简认为在心中微微生起的念头都叫作"意",在心中微微中止下来的念头也叫作"意"。"意"的种类相状是无法穷尽的,其中有对我们有利的,也有对我们有害的,有对的,也有错的……无论怎么去描述,都无法将所有种类的念头说明白。

但是,如何将杨简所说的"意"和"心"区别开来呢?对此问题,他解释道:

> 然则心与意奚辨?是二者未始不一,蔽者自不一。一则为心,二则为意;直则为心,支则为意;通则为心,阻则为意。

杨时也觉得"心"和"意"很难区别,他强调"心"和"意"这两者本身并非有所不同,只是被蒙蔽的人自己觉得两者是不同的。"心"为"意"之主,"意"由"心"而发;直道而行的是"心",支离分散的是"意";能与他人心意相通的是"心",受到欲望的阻碍而仅仅固守在自身之中的是"意"。也就是说,"心"和"意"是同一个善良之性的不同表现,当这个善性被遮蔽时，表现出来的就是"意"，当它呈现为原有的状态时，便是"心"。

杨简和陆九渊等儒者之所以会如此细致入微地辨析"心""意"等概念，是因为只有这样才能明白人们各种善恶夹杂的言行举止产生的原因，这些是进一步修养身心的理论前提。为此杨简提出为了保持本性的澄明状态，我们需要做到"不起意"。为了解释"不起意"这种修身方式，他还以周公、孔子两位圣人的事迹为例进行说明：

> 周公仰而思之，夜以继日，非意也；孔子临事而惧，好谋而成，非意也。
>
> 孔子莞尔而笑，喜也，非动乎意也；曰"野哉由也"，怒也，非动乎意也；哭颜渊至于恸，哀也，非动乎意也。

在杨简看来，周公夜以继日地操劳政事，孔子遇到事情便小心谨慎、善于谋划从而获得成功，这都是"不起意"；孔子因与弟子开玩笑而欣喜，因子路的粗鲁而生气，因颜渊的去世而伤心，这都不是私意。也就是说，周公、孔子的思虑情感都不属于"意"，都不是由根植于个人私欲的意念所发动的情感思虑。因为"不起意"并非意味着不理会任何事情，终日只是静坐而不使念头生起，而是说做事要合乎道理。这就是杨简提出的修身方式。

毕　波

陈亮——主张"事功"的永康学派学者

陈亮（1143—1194），原名汝能，字同甫，人称"龙川先生"，婺州永康（今属浙江）人，南宋文学家、思想家。陈亮出生于一个没落的士族家庭，曾祖父在抗金斗争中牺牲，由于父亲需要为全家生计奔波，母亲生他时才十四岁，陈亮自小便由祖父祖母抚养长大。

陈亮自幼勤奋好学，在青年时期就显示出了非凡的才华和志气。十八九岁时，陈亮考察了历代古人用兵成败的事迹，写出了《酌古论》，讨论了汉光武帝、刘备、曹操、孙权等十九位历史人物的军事活动。婺州当地的官员周葵看了《酌古论》之后，对陈亮十分赏识，并期望他能够多学习道德性命之学。但陈亮认为，道德性命之学只是空谈心性，无补于当下儒生学士偏安江南、不思收复失地的实际，更不能有助于完成抗金大业。此后的日子里，陈亮继续研究前人的历史，并且写了大量相关的著作，期望通过总结历史经验，找出一条中兴复国的道路。

陈亮针对当时颓废不振的风气，提倡"各务其实"的事功之学。陈亮认为，当时的儒者、士大夫满嘴"正心诚意"，其实只是一种麻木的状态；他们没有树立治国平天下的抱负，只是用这种空话来掩饰自己的无能。陈亮提出"任贤使能""简法重令"等主张与言论，无不以功利为依归。这样一种具有朴素唯物主义特征的思想，也是其创建的永康学派的标志特色。

陈亮一生参加过三次科举考试，前两次并未考中。绍熙四年（1193），五十一岁的陈亮参加礼部的进士考试，其策论深得宋光宗赏识，御批第一。状元及第后，陈亮被授职建康府判官，但还没有来得及上任，就因长期"忧患困折，精泽内耗，形体外离"，最终于绍熙五年的一天夜里溘然长逝，享年五十二岁，不得不令人惋惜。

尽管陈亮没有能够在朝施展他的政治主张和抱负，但他曾多次以平民的身份向朝廷上书针砭时弊，直言不讳，力主抗金，反对偏安一隅，也因此被当时的权臣所嫉恨。自淳熙五年（1178）以来，陈亮屡次被诬入狱并长期受到排挤打击，但陈亮收复中原的志向并未动摇和改变。陈亮的文章和奏折总论政治、强调事功，笔力纵横驰骋，气势慷慨激昂，其在乾道五年（1169）所写的《中兴论》就很好地体现了这些特征。

《中兴论》是陈亮向宋孝宗进呈的《中兴五论》（其余四篇为《论开诚之道》《论执要之道》《论励臣之道》《论正体之道》）中最重要的一篇，"中兴"是"重新兴盛"的意思。《中兴论》开篇即讲：

> 臣窃惟海内涂炭，四十余载矣。赤子嗷嗷无告，不可以不拯；国家凭陵之耻，不可以不雪；陵寝不可以不还；舆地不可以不复。此三尺童子之所共知，囊独畏其强耳。

陈亮在开篇就直叙四十多年以来，四海之内生灵涂炭，百姓处于水深火热之中。天下哀号哭救声一片，却得不到回应，朝廷不能不去拯救自己的子民；先皇的陵墓还被敌人控制在手，这样的耻辱朝廷不能不洗雪；先皇的陵寝不能不夺回；被敌人控制的失地不能不收复。这些是小孩子都能明白的道理，过去不这样做只是因为畏惧敌人的强大罢了。陈亮连用四个"不可以不"的句式，不仅加强了语气，表明了当前面临的严峻形势，也从侧面讽刺了南宋朝廷内部苟且偷安之论盛行的现实。

为了改变南宋朝廷和百姓面临的困境，采取一系列政治、军事措施以推动贤明政治、富国强兵刻不容缓，于是陈亮提出了一些关于政治和军事方面的治国理念：

> 今宜清中书之务以立大计，重六卿之权以总大纲；任贤使能以清官曹，尊老慈幼以厚风俗；减进士以列选能之科，革任子以崇荐举之实；多置台谏以肃朝纲，精择监司以清郡邑；简法重令以澄其源，崇礼立制以齐其习；立纲目以节浮费，示先务以斥虚文；严政条以核名实，惩吏奸以明赏罚；时简外郡之卒以充禁旅之数，调度总司之赢以佐军旅之储。择守令以滋户口，户口繁则财

自阜；拣将佐以立军政，军政明而兵自强。置大帅以总边陲，委之专而边陲之利自兴；任文武以分边郡，付之久而边郡之守自固。

陈亮认为在政治上，当前朝廷需要明确中书省的职能，制订改革计划；重视六部大臣的实权，整顿政治环境；任用贤能的官员，使得内政肃清；推广尊老爱幼之道，使得社会风气淳朴友爱；减去一些不必要的科举进士科，增加能够选贤举能的科目；革除继承式的官员制度，能够推荐有贤能的人；多多设置监察官员和谏官，整顿朝纲；简化法令，重视政令；推崇礼仪，统一风俗；节省不必要的开支，减少不必要的空谈扯皮；严格考察官员的所作所为是否名副其实，惩治贪官污吏。在军事上，陈亮主张朝廷定时挑选外郡的精兵强将，充实中央禁军的数量；合理调用国家的财政盈余，资助军队的物资储备；挑选善于治理的地方长官，使得州县人口增加、经济发展；挑选有才能的将军治理军队政事，使得军政清明、军力强盛。另外，还可以设置总领边疆之地的大帅处理军政事务，任用文武官员从旁协助。如此，时间越久，边郡的防守就越稳固。

陈亮的《中兴论》不仅勾勒了抗金大业的宏伟蓝图，还阐述了许多政治、经济、军事改革的具体原则和方法。文章规模宏大，视野开阔，表现了陈亮强烈的爱国思想，也体现了他反对"坐而论道"的空谈，主张求真务实、各司其职的事功思想，无愧于其自赞"人中之龙，文中之虎"的美誉。

丁少青

叶适——反对空谈性理的永嘉学派学者

叶适（1150—1223），字正则，温州永嘉（今浙江温州）人，晚年居于永嘉城外水心村，世称"水心先生"。叶适少年家贫，居无定所。十一岁时，叶适师从当时的名儒陈傅良，此后受教于陈傅良长达四十年之久。从十九岁起一直到二十八岁这十年间，叶适在婺州地区游学。淳熙五年（1178），叶适中进士第二名。在廷对中，叶适对宋孝宗和宰执提出了批评。他认为虽然宋孝宗也希望励精图治，但在位十多年却偏安一隅，没有成效。对此，叶适提出不可因循守旧，要革去弊政，收复失地。同年，朝廷授叶适文林郎、镇江府观察推官。

开禧三年（1207），在宦海浮沉三十年的叶适遭到御史中丞雷孝友的弹劾，罪名是诋毁程朱理学，因此被夺职，回到浙江永嘉。次年起，叶适定居永嘉水心村，杜门家居，悉心讲学十六年，著《习学记言序目》五十卷。嘉定十六年（1223），叶适于永嘉辞世，终年七十四岁，获赠光禄大夫，谥号"文定"。

对于叶适的学问，《宋元学案》里曾这样评价：

> 永嘉功利之说，至水心始一洗之……乾、淳诸老既殁，学术之会，总为朱、陆二派，而水心龂龂其间，遂称鼎足。

也就是说，后世儒者在回顾宋代功利之学的发展过程时认为，到了叶适这里，永嘉功利之学开始变得焕然一新……乾、淳之际的儒者一一去世后，学术汇集在朱熹理学、陆九渊心学两派，而叶适通过争辩处在这两派之间，于是就形成了学术上的三足鼎立之势。

叶适为学主张的最大特点表现在他不赞成将圣人之道仅仅解释为心性、理气之辩，而脱离经世致用，沦于空虚，但这并不意味着只追求功利而不顾人伦道义，所以叶适专门针对道义与功利之间的关系进行了解释：

> "仁人正谊不谋利,明道不计功。"此语初看极好,细看全疏阔。古人以利与人而不自居其功,故道义光明。后世儒者行仲舒之论,既无功利,则道义者乃无用之虚语尔。

叶适认为董仲舒提出的"有仁德的人只遵行仁义之道,而不以获取功利为目的"观点,初看起来非常好,但仔细看则全然不切实际。这是因为古代的仁人志士为百姓谋利,而不将此视为自己的功劳,所以在道义上正大磊落。后世的儒者遵行董仲舒的言论,但是如果没有他那样的事功,那么道义也就成了没有用的空话。

叶适的学说都是在针对当时占据主流地位的程朱理学,他认为理学只讨论心性、义理,有虚浮而不切实用之弊,无法指导儒者在政治实践上有切实的作为。为了说明自己的理论是直接源于圣人的学说,程朱理学曾建构过一段道统谱系。为了与程朱理学进行论争,针对理学所建构的道统谱系,叶适首先提出自己的怀疑,进而又着力推翻了这一道统建构。

程朱理学的传承谱系最大的特点便是主张从孔子

经曾子、子思传到孟子,"孟子没而圣学不传",直到北宋程颢、程颐二兄弟出现,"以兴起斯文为己任",才使得千载不传的道统得以延续下来。这一道统论述所强调的是圣人之道以心性、义理之学为根本,对此叶适自然不会认同,他力图恢复在历史上已经丧失的儒家之道统。首先,他从孔子以前正面叙述自己所理解的道之本统:

> 道始于尧,次舜,次禹,次皋陶,次汤,次伊尹,次文王,次周公,次孔子,然后唐虞三代之道赖于有传。

在叶适看来,儒家的道统以尧为起点,其次是舜、禹、皋陶,到了商代是汤、伊尹承接了道统,周代承接圣人之道的有周文王、周公以及孔子,唐尧、虞舜以及夏、商、周三代以来的圣人之道借此而流传了下来。

其次,对于程朱理学的道统叙述中孔子之后的部分,叶适着力推翻他们所建立起来的传承谱系。这一谱系中的关键人物曾子是孔子之道独传的源头,但叶适却认为：

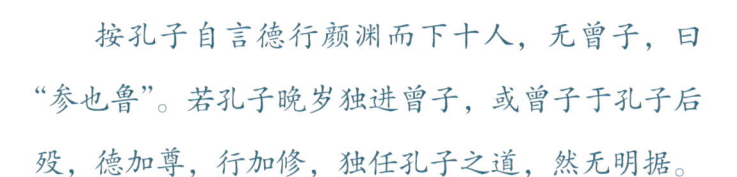

> 按孔子自言德行颜渊而下十人，无曾子，曰"参也鲁"。若孔子晚岁独进曾子，或曾子于孔子后殁，德加尊，行加修，独任孔子之道，然无明据。

叶适认为曾子是孔子之道独传的源头这种说法并不成立。孔子曾说过，自己门下有德行、政事、言语以及文学四科，颜渊等十人共跻四科之列，但其中并没有提到曾子，孔子也曾说过"曾参比较鲁钝"。如果说孔子单单提携曾子，或者说曾子在孔子去世后德性越来越高，品行越来越好，以至于只有他能承担孔子之道，但这些说法都没有明确的证据。

除了推翻程朱所建立的道统谱系外，叶适也重新解释了圣人之道的具体表现：

> 《周官》言道则兼艺，贵自国子弟，贱及民庶，皆教之。其言"儒以道得民""至德以为道本"，最为要切，而未尝言其所以为道者。虽

> 《书》自尧舜时亦已言道，及孔子言道犹著明，然终不的言道是何物。岂古人所谓道者，上下皆通知之，但患所行不至耶？

叶适强调《周礼》（亦称《周官》或《周官经》）中讲"儒学以道德教义而得到民众的拥护""最高的德性是行道的根本"，这些说法最为确切扼要，但却没有讲清楚究竟行道的具体方式是什么。《尚书》从尧舜的时代就已经开始谈论圣人之道，到了孔子那个时候，对圣人之道的讨论就更加深刻显豁，可始终没有提到"道"具体是什么东西。其实《周礼》中已经告诉人们，"道"具体而言就是礼、乐、射、御、书、数这六门技艺，无论是国公子弟，还是庶民百姓，都要学习。从这些讲法中我们可以看出，叶适认为"道"在先秦儒家那里并没有离开过实际的功用而单独存在，甚至可以具体到礼、乐、射、御、书、数，而不是像程朱一系所强调的那种空疏的性理之学。

毕 波

黄干——朱子后学的领军人物

淳熙二年（1175）的冬天，福建天降大雪，一个年轻人在寒风之中踽踽独行，他要去往崇安拜见自己的偶像——大儒朱熹。然而上天似乎要考验一下这个年轻人的韧性，当他到达崇安的时候，恰逢朱熹外出访学，未曾得见。在此寒冬当中，年轻人苦读不辍。为了能够在第一时间见到偶像，他甚至和衣而睡，不敢稍稍懈怠，这一等就是两个月。终于到了春天，朱熹访学归来。

朱熹见到这个年轻人，被他的诚意打动，与他交谈之后，更是暗暗叹服于他的才学和品质，于是将其收为弟子，后来还将自己的女儿许配给他。这个年轻人，就是朱熹的大弟子、朱子后学的领军人物——黄干。

黄干（1152—1221），字直卿，号勉斋，福州闽县（今福建福州）人，南宋著名的儒学家、教育家、官员，与陈淳、蔡元定、真德秀并称朱熹四大弟子。朱熹与黄干师徒情深,互为知己。

在老师去世后,黄干的心情非常悲痛,在给老师扫墓时,黄干写道:

> 暝投大林谷,晨登崒如亭。
> 高坟郁嵯峨,百拜双泪零。
> 白杨自萧萧,宿草何青青。
> 悲风振林薄,猿鸟为悲鸣。
> 音容久寂寞,欲语谁为听。
> 空使千载后,儒生抱遗经。

这首诗是说,再次拜见老师已经是阴阳永隔,那悲伤的心情仍让黄干泪如泉涌,草木含悲、风雨凄然,连鸟鸣猿啼听起来都好像是哭号。老师不在了,他的知己也没有了,心里有想说的话,但是已经没有人可以真切体会他的意思了。老师还有那么多的学问没有讲完,还有那么多的经典没有释完,这给后世有志求学的人留下了巨大的遗憾。这首诗情真意切,表达了黄干对老师的尊重与思念之情。

作为一个学问家，黄干是刻苦勤学、学思结合的杰出代表。黄干在师从朱熹之后，为了读书经常不脱衣睡觉，累了就稍微坐一会儿、倚一下，然后继续读书，有时甚至通宵达旦，其用功之深可见一斑。黄干虽然勤于读书，却不是读死书。他不迷信、不盲从，对许多问题都有自己的独到见解。黄干经常与同学蔡元定、朱熹的学友吕祖谦等人论学，碰到有争议的问题总会详加思考，然后再与老师朱熹讨论，直至豁然贯通、心悦诚服为止。

正因为这样，黄干得到了朱熹的肯定和倚重。在朱熹编纂《四书章句集注》的过程中，黄干便一直作为重要助手参与编纂工作，而在其晚年最重要的著作《仪礼经传通解》的编写当中，朱熹更是将最重要的《丧礼》和《祭礼》两部分内容交给黄干独立完成，可见朱熹对黄干的信任。黄干也没有辜负老师的重托，继续完成了《仪礼经传通解正续编》，并著有《书传》《易解》《孝经本旨》《四书通释》等作品。

作为一个教育家，黄干是弘扬师说、光大学派的开拓者。书院是黄干教育工作的主战场。绍熙五年

（1194）竹林精舍落成之后，朱熹便写信给黄干，认为他可以代替自己讲课，足见朱熹对这位学生教学能力的肯定。庆元二年（1196），黄干建成潭溪精舍，开始独立讲学，往来求学者不绝于路。次年，黄干母亲去世，黄干奔丧福州北郊长箕岭，持丧三年，筑墓庐讲学，从者甚众，可见黄干在当时的影响之大。此后黄干往来于多个书院讲学，一时之间学生讲友遍及天下，使朱熹之学产生了空前的影响力。

黄干是传播和推广朱子学的第一人，朱门再传弟子的增长人数主要来自黄干。黄干在浙江为官时，将朱子学传于金华人何基，后来通过何基再传，朱子学盛行于浙江。黄干在江西为官时，传弟子饶鲁，饶鲁在江西讲学，广收弟子，成为朱子学在江西的源流。黄干在汉阳为官时，在书院讲授理学，门人众多。后元兵攻入汉阳，俘虏理学家赵复，携归北方，使之在太极书院讲学，致使元代时朱子学在北方迅速传播，渐成独尊之势。

作为一个官员，黄干是心怀家国、务实为民的实干家。黄干曾多次上书朝廷，力主"壮国势而消外侮"，主张通过积极主动的改革富国强民，抵御异族威胁，但这些主张并没有得到朝廷的肯定与重视，一腔赤子热血付诸东流。

不能保一国则尽力保万民。嘉定八年（1215），黄干调知湖北汉阳军。面对严重旱灾，在饥民遍地而朝廷赈济不力的情况下，黄干四处奔走筹集赈荒米，令万余家庭得以幸存。两年后，黄干调知安庆府。安庆地处抗金前线，是兵家必争的战略要地。当黄干发现如此紧要的关口竟然军备松弛、城墙失修时，他亲自督修郡城，广备兵粮和应急粮草，将安庆打造成了坚固的抗金堡垒。同年，金兵南犯，周边城池纷纷失守，但安庆因城备周全、粮草充足而得以保全,当地百姓纷纷称赞道:"保护我们不被金兵残害,不被洪水吞没,黄干真可谓是我们的再生父母啊!"

黄干是朱熹之后朱子学的领军人物,在儒学史上占有重要地位。南宋学者黄震曾评价,朱熹弟子中,独黄干一人"强毅自立,足任负荷"。元代学者贡师泰认为黄干进一步阐明了先师朱熹的学问大旨,完成了先师遗留下来的著述工作,这是其他弟子无法企及的。清代著名学者全祖望对黄干的评价是:"嘉定而后,足以光其师传,为有体有用之儒者,勉斋黄文肃公其人与?"也就是说,全祖望认为黄干是朱熹学问最权威的继承人。这都是后代学者对黄干治学和为人的高度肯定。

朱广龙

真德秀——力扶理学的西山学派学者

真德秀（1178—1235），字景元，后改为希元，建宁浦城（今属福建）人，南宋后期著名理学家、名臣，世称"西山先生"。真德秀早年从游朱熹弟子詹体仁，是推动朱子学在南宋后期成为正统之学的重要人物。

真德秀自幼聪颖，四岁就在父亲的启蒙下开始读书，过目即能成诵。他读书十分刻苦。有一次晚上，他从学堂回来，把书放在枕边，直到深夜还在帐中看书，以至于蚊帐皆被蜡烛熏成了黑色。当其他孩子游戏戏水时，真德秀没有一同玩闹，而是把他们的书卷取来熟读。真德秀十五岁丧父，他的母亲吴氏在穷困中竭力抚养他，使他得以专心学习。同郡人杨圭见其勤奋用功，感到十分惊异，将他带回家和自己的孩子一起学习，后来还将女儿嫁给了他。

庆元五年（1199），真德秀考中进士，开禧元年（1205）中博学宏词科，次年入朝任太学正,后升任至起居舍人兼太常少卿。当时,权相史弥远以高官厚禄笼络人心,迫使有声望的士人折节营进。真德秀对这种行为十分鄙夷,他说:"我们应该赶快离去,让朝廷知道这世上也有不肯做史弥远下属的人。"于是他极力请辞,离开京城出任江东转运副使。

时值江东遭遇旱灾和蝗灾,以广德、太平两地受灾最重。真德秀亲自前往广德,开放粮仓,赈济灾民,待事情安排妥当后方才返回。离开前,广德数千名百姓一路将他送到城外,指着路边的墓哭泣道:"这里埋葬的都是往年饿死的人。没有您,我们也早已饿死被掩埋在此了。"随后,真德秀上书弹劾贪官林琰和藏匿赈济米粮的太守张忠恕,为百姓肃清污吏,自此政誉日显。

宋宁宗去世后,史弥远擅政剥夺了皇太子竑的继承权,推宗室子弟赵贵诚继位,是为理宗,后史弥远又逼死皇太子竑。真德秀对史弥远擅权废立不满,一再上书辞官并为济王辩解,引来史弥远嫉恨,遂遭落职罢祠。直到绍定六年(1233)史弥远去世,次年真德秀才以户部尚书之职回到阔别十年的朝堂。理宗不仅对其表达了思念之情,而且反复问对,听取了真德秀对朝政的意见。

真德秀是继朱熹之后的理学正宗传人、西山学派代表人物。在学术旨趣上，真德秀始终服膺朱子学，在推动朱子学成为官学方面功不可没。当韩侂胄以"伪学"禁朱子理学，发起庆元党禁时，真德秀"讲习而服行之"。从嘉泰二年（1202）解禁到理宗即位后朱子学被钦定为正统，真德秀和魏了翁是这一过程中鼓吹朱子学最有力、影响最大的人物。

理宗身边权臣当道，每日向理宗进呈的多为欺罔之言。为了格正君心，使理宗辨清奸佞，远离贪吏，以肃清朝纲，真德秀特别推重《大学》一书。他为理宗讲解《大学》修齐治平的道理，希望理宗能够挺立道德主体，以开展政治实践，由此实现儒家的"王道"理想。他指出：

> 臣闻圣人之道，有体有用。本之一身者，体也；达之天下者，用也。尧舜三王之为治，六经《语》《孟》之为教，不出乎此。而《大学》一书，由体而用，本末先后尤明且备，故先儒谓于

> 今得见古人为学次第者,独赖此篇之存,而《论》《孟》次之。盖其所谓格物、致知、诚意、正心、修身者,体也;其所谓齐家、治国、平天下者,用也。人主之学,必以此为依据,然后体用之全,可以默识矣。

这段话是说,圣人之道包含体(根本)和用(发用)两个方面。个人的修身实践是"体",施及于天下国家便是"用"。尧舜三代的政治活动和六经、《论语》、《孟子》的道德教化都是讲体用之学。相比较其他经典,《大学》一书由本及末、明体达用,将儒家的工夫实践次第揭示得极为清楚明白。具体说来,格物、致知、诚意、正心、修身,是讲"体"的层面;齐家、治国、平天下,是讲"用"的层面。君主只有以《大学》为依据,才能完全掌握体用之全。

正是基于对《大学》的重视,真德秀撰写了《大学衍义》一书。关于该书的具体内容,真德秀是这么介绍的:

首之以帝王为治之序者，见尧、舜、禹、汤、文、武之为治，莫不自身心始也；次之以帝王为学之本者，见尧、舜、禹、汤、文、武之为学，亦莫不自身心始也。此所谓纲也。首之以明道术、辨人才、审治体、察民情者，格物致知之要也；次之以崇敬畏、戒逸欲者，诚意正心之要也；又次之以谨言动、正威仪者，修身之要也；又次之以重妃匹、严内治、定国本、教戚属者，齐家之要也。此所谓目也。而目之中又有细目焉，每条之中，首之以圣贤之典训，次之以古今之事迹，诸儒之释经论史，有所发明者录之，臣愚一得之见，亦窃附焉。虽其铨次无法，论议无长，然人君所当知之理、所当为之事，粗见于此矣。

真德秀指出，《大学衍义》一书分为纲、目两个部分。其中，纲包括帝王"为治之序"和"为学之本"两个层面，都是介绍尧、舜、禹、汤、文、武的事迹，强调修养身心的重要性。目则包括格物致知之要、诚意正心之要、修身之要、齐家之要四个部分。具体说来，格物致知之要包括明道术、辨人才、审治体、察民情四个方面；诚意正心之要包括崇敬畏、戒逸欲两个方面；修身之要包括谨言动、正威仪两个方面；齐家之要包括重妃匹、严内治、定国本、教戚属四个方面。在这些纲目之下，真德秀又列举了很多具体细则。《大学衍义》作为一部"帝王之书"，其最终目的是格正君心，肃清宫闱，抑制奸佞，劝诫帝王任贤使能，促使南宋政治真正走出权臣弄权的困境。

伴随着程朱理学成为官学，《大学衍义》产生了深刻的影响，受到后世诸多帝王的重视。如宋理宗称："《衍义》一书，备人君之轨范焉！"元武宗亦言："治天下，此一书足矣。"可以说，《大学衍义》的撰写确实达到了真德秀欲以具体文本、以程朱思想指导现实政治的目的。真德秀所著的《大学衍义》，从理论上完成了朱子学的政治化。

吴 洁

魏了翁——理学思想官学化的推动者

魏了翁（1178—1237），字华父，号鹤山，邛州蒲江（今属四川）人，世称"鹤山先生"。他与真德秀齐名，是南宋后期著名的理学家，其学以"穷经学古"著称，在推动朱子学成为当时官方意识形态的过程中发挥了重要作用。

魏了翁年少聪颖，很小的时候就跟着兄长们入学，俨然是个大人。年纪稍长一点，他就展现出过人的天资，日诵千言，过目不忘，被乡里人称为"神童"。虽然天分很高，但魏了翁从不以此自恃，反而十分刻苦，入学以后每日早起晚归，与先生探讨学问，十几年来都不曾有过懈怠。十五岁时，魏了翁撰写《韩愈论》，文章抑扬顿挫，颇有韩愈的遗风。十七岁时，魏了翁拜章寅臣为师，开始学习义理之学。

庆元五年（1199），魏了翁考中进士。当时朝廷忌言道学，魏了翁在策论中提及，应举结果从第一名改为了第三名。此后，魏了翁被授签书剑南西川节度判官，又历任国子正、武学博士等职。

开禧元年（1205），权臣韩侂胄在缺乏充分准备的情况下决定北伐，想要以开拓疆土来巩固自己的地位。迫于韩侂胄的威压，当时无人敢站出来反对。魏了翁却没有妥协偷安，他上书进谏道："我们国家现在纲纪还没有建立，重大政策还没有确定，人们习惯于苟且偷安，边防废弛了很久，财用耗竭，人才疲弱，而金国土地广阔，势力强盛，不可能猝然将其消灭。我们不如整顿内政，尽力避免对外战争。否则，如若孤注一掷，宗庙社稷便很危险。"魏了翁的策论一出，大家都非常惊诧。

魏了翁对父母十分牵挂、孝顺，因为双亲年迈，他请求辞去校书郎的职务补任外官。在魏了翁外放嘉定、汉州、眉州、遂宁、泸州、潼川等地期间，政绩卓著。以眉州为例，虽然眉州是文物之邦，但当地百姓熟习法律，喜欢以此挟制官吏，所以十分难治。当地百姓听闻魏了翁来此，便争着用各种事务来考验他。

魏了翁到眉州后，厚待老人，选拔才俊，每月初一、十五探视学宫，亲自授课，引导学生，并且举行乡饮酒礼以敦促教化，又增加向朝廷荐举的贡生数量以振兴文风。凡是有利于百姓的事情，他知道后都会去做。当地读书人大为叹服，风俗为之一变，他的政绩也远近闻名。后来，魏了翁又历任绍兴知府、浙东安抚使等官职。

他晚年病重，多次上书请求退休，皇帝却未应允。即使在病中，魏了翁也谨守礼仪。他的学生来探望时，魏了翁衣冠整齐地和他们问答交谈。当他们谈到蜀兵作乱之事，魏了翁蹙眉许久，仍忧心国事。他知道自己病重，对学生口授遗表，不久双手合于胸前行礼后去世，时年六十岁。皇帝看到他的遗表后十分悲伤，暂停临朝，遗憾朝廷从此失去了一位人才。皇帝下诏追赠魏了翁为太师，谥号"文靖"，在苏州赐予宅地，又追封他为秦国公。

魏了翁品节高尚，淡泊名利，忠于职守，勤于著述，堪称一代宗师。他一生的著作很多，有《鹤山大全集》《九经要义》等。在学术上，魏了翁和真德秀一样，是南宋后期理学的代表人物，推崇朱子理学。《宋元学案》有言：

> 从来西山、鹤山并称，如鸟之双翼，车之双轮，不独举也。

这是说，魏了翁和真德秀在推进理学的过程中具有相似的一面，二人共同致力于促使理学成为正统。

魏了翁晚年尤为重视教育实践活动，培养了大批优秀人才，其中最为典型的是他所创立的鹤山书院。嘉定三年（1210），魏了翁为父亲服丧期间，在家乡的白鹤山筑室，创办了鹤山书院，开门授徒。消息一经传出，来求学的士人络绎不绝。通过魏了翁在鹤山书院的讲学授徒，理学得以在四川士人中传播开来。

魏了翁讲学重道，这一思想观念在论学书信中体现得十分突出。他在《答澧州徐教授复》一文中说道：

> 某囚山五年，殆与世绝。圣贤之书，重复温寻，益觉义理无穷。岁月易得，独恨山深路崄，带

行之书无多，时寮士人亦无储书者，遇有记忆不明之事，无从参考。然亦坐是功精专，免于博杂。某自初来此，与同志者日读《语》《孟》数章，去年方读《易》。偶曾裒萃周、程、张、邵、杨、游、胡、二朱、二吕诸儒《易》说成编，日诵数爻，宾主俱觉有得。

这里魏了翁回顾了自己在鹤山书院与世隔绝的讲学生涯。因为蜀地的路非常险峻，书籍携带很不方便，所以平时可参阅的书并不多。平日里，他主要和学生研读《论语》《孟子》《周易》等儒家经典。在温习经典的过程中，他感叹圣贤之书义理深邃，值得反复玩味涵泳。在闲暇之余，魏了翁还广泛搜罗周敦颐、二程、张载、邵雍、杨时、游酢、朱熹、吕祖谦等人解说《周易》的文献资料，师生之间诵读研讨，大家都觉得收获良多。这为他后来编纂《周易集义》以及《周易要义》等著作做了铺垫。

魏了翁还积极与友人分享自己的读书心得。他告诫友人，时间是很容易消逝的，如果不珍惜光阴，必将虚度一生。学者不要着急著书，只需要温习经典，便可以体会新知，进而改正过错，向好的方面转变，将圣人之道落实在日常生活之中。如此，书便没有白读，可真正让自己受益终身。

在根本义理上，魏了翁的思想不越出程朱之学的固有框架，其意义在于回溯以《周易》为代表的原始儒家经典，证明宋儒心性之学的合理性与正当性。通过理学与经学的绾合与会通，魏了翁进一步强化了理学的权威性，这为程朱理学的政治化转向以及后来成为官学起到了重要的铺垫作用。

吴 洁

黄震——提倡『知行合一』的理学家

黄震（1213—1280），字东发，慈溪（今属浙江）人，南宋末期理学家，人称"于越先生"。黄震在宝祐四年（1256）与著名的政治家、文学家文天祥一同高中进士。而与文天祥相同，他也是一位关心国家前途与百姓疾苦的士大夫。

黄震博通经史，既擅长通变的易学，也主张以朱熹的学问为宗，强调"格物致知"，即通过推究事物原理获得知识，从而实现"为天地立心，为生民立命，为往圣继绝学，为万世开太平"的大志向。但黄震不坚持门户之见，总是以开放的态度解说经义。因此他的学问非同一般，既有强烈的革新精神，又呈现出渊博的气象。正如他的代表著作《黄氏日钞》，所涉学术领域非常广博，不仅包括了传统的经史子集，亦覆盖了典制、天文以及地理等内容的探讨。可以说，至今仍难有学者能出其右。所以，我们不妨从《黄氏日钞》来加深对黄震思想的理解。

《黄氏日钞》，又名《慈溪黄氏日钞分类》《东发日钞》。古字"钞"又作"抄"，"抄"，顾名思义就是抄录别人的观点。虽然《黄氏日钞》的大部分内容都只不过是黄震对前人观点的随笔札记，却展示了自己毕生治学的"所思"，即结合自身的体会而对前人观点做出义理阐释。值得注意的是，《黄氏日钞》为后来的学术发展，即贯彻"经世致用"的精神，奠立了一定的基础。例如，清代大儒顾炎武以札记的方式所撰写的学术著作——《日知录》，也正是对《黄氏日钞》日知和慎思精神的继承与阐扬。

简单来说，阅读《黄氏日钞》的意义在于，它能告诉我们在绝大多数情况下，我们都会有先入之见，而这些成见往往都是有局限性的，是有害于思想进步的：要么完全不合理，与事实有出入；要么虽然合理，但存在片面性。只有意识到并愿意承认自己的看法可能存在错误时，我们才不会被自己的成见牵着走，而是愿意虚心学习更多的知识。这不简单，正如孔子也曾说过"知耻近乎勇"，能够面对自己的不足，就已经可以说是非常勇敢了。而这一点，我们可以通过阅读《黄氏日钞》来慢慢体会。

《黄氏日钞》可以是一面高悬的明镜，时时刻刻提醒我们学习要从最艰苦、最基本的为己之学开始，即先增加自己的知识，经过亲身体会与实践之后，进而再"推己及人"。正如顾炎武曾经摘抄了黄震在《黄氏日钞》中对"存心"的解释，以批评当时的士大夫，他们不仅有意混淆古人的治学精神，更用以解释自己可以不顾世事的原因。

> 慈溪黄氏《日钞》曰："心者，吾身之主宰，所以治事而非治于事，惟随事谨省，则心自存，不待治之而后齐一也……"又曰："夫心之说有二，古人之所谓存心者，存此心于当用之地也；后世之所谓存心者，摄此心于空寂之境也。造化流行，无一息不运，人得之以为心，亦不容一息不运，心岂空寂无用之物哉？世乃有游手浮食之徒，株坐摄念，亦曰存心。而士大夫溺于其言，

亦将遗落世事，以独求其所谓心。迨其心迹冰炭，物我参商，所谓老子之弊流为申、韩者，一人之身，已兼备之，而欲尤人之不我应，得乎？"

这段话的大意如下："心"（思考能力）是我们身体的主宰，所以在治事的时候，我们不能仅听从别人的要求行事，而是必须要有自己的想法。这是因为，如果习惯了听从别人的命令行事，我们就会逐渐失去思考的能力，由此我们的身体就像一块冷却了的炭，那活在世上，自然就一无所获。因此，我们每做一件事情，首先要有自己的独立思考，即存心于"当用之地"，要随事谨省。

同时，由上文的大意我们可以知道，黄震的思想不仅呈现在他的研究里，更体现在他的行为举止上，所以他说：

> 震既读伊洛书，钞其要，继及其流之或同或异，而终之以徂徕、安定笃实之学，以推发源之自，以示归根复命之意，使为吾子孙，毋蹈或者末流谈虚之失，而反之笃行之实。

如果用我们比较熟悉的观念来说，黄震的思想是"知行合一"，即我所知道的并且认为是正确的，就应该刻不容缓地以自己的实践加以辩证。所谓"反之笃行之实"，不应只是"死读书"，而是由实践来阐明道理。孔子曾经说："学而时习之，不亦说乎？"正如黄震任职史馆检阅、修纂宋朝皇帝的治国成绩时，就曾毫不讳言地通过批评"士大夫"的无耻来讽刺旧任皇帝不能洞识时事。又如为推进农业生产，在以民为本的立场下，黄震坚决取缔"滥杀耕牛"的迷信习俗，促进了农业文明的进步。又例如，在处置因暴动而受镇压的盐民时，黄震并没有固守于政治立场，而是通过调查暴动发生的原因，最终平息了一场广涉数十万人存亡的争议。以上例子，只是冰山一角，举不胜举。

德祐二年（1276），黄震认为南宋的灭亡已无可挽救，决定弃官归隐。至元十七年（1280）正月，黄震在故里逝世。

陈耀辉

文天祥——正气浩然的爱国名相

13世纪初,铁木真统一蒙古各部,建立蒙古汗国,称"成吉思汗",蒙古族兴起。随后几十年间,蒙古人依仗铁骑,横穿欧亚,所经城池,烧杀抢掠,生灵涂炭。成吉思汗的儿子窝阔台继位后,挥鞭南指,先联合南宋吞灭金国,继而再侵南宋。在长达半个世纪的反复抗争中,南宋为保家卫国,进行了顽强抵抗。1271年忽必烈改蒙古国为元,再次发动对南宋的进攻,1279年南宋灭亡,君臣军民蹈海殉国。

在南宋最后的存亡抗战中,文天祥做出了艰苦卓绝的努力,最终慷慨就义,以天地之正气,在历史中留下了可歌可泣的光辉形象。

文天祥(1236—1283),字宋瑞,又字履善,号文山,吉州庐陵(今江西吉安)人,南宋末年大臣(曾官至右丞相)、文学家。宝祐四年(1256),他中进士第一,成为状元。进入仕途后,他因直言斥责宦官,得罪权臣,屡遭贬斥,后自请致仕。德祐元年(1275),元军南下,文天祥散尽家财,募兵勤王。在此后几年的抗争中,文天祥屡败屡战,经历了被俘又脱逃的危难,以及妻儿被俘的痛苦,但他未曾动摇,抗元到底。祥兴元年(1278)年底,文天祥兵败被围,自杀未遂,于昏迷中被俘。

文天祥被俘后,面对元朝的劝降,只求义死,不求苟生。临刑前夕,皇帝忽必烈亲自劝降,以宰相之职作为诱饵,仍遭文天祥严词拒绝。文天祥《过零丁洋》中的著名诗句"人生自古谁无死,留取丹心照汗青",以对历史负责的精神赋予人生以意义。文天祥慨然赴难,并不是对一姓帝王的愚忠。当先已投降的宋恭帝前来劝降时,他表示"社稷为重,君为轻",表达了他的赴难只是无条件地忠于民族与国家。1283年1月9日,文天祥在大都柴市口英勇就义。他死后,人们在他的衣带中发现了"衣带诏":"孔曰成仁,孟曰取义。惟其义尽,所以仁至。读圣贤书,所学何事?而今而后,庶几无愧。"这充分表达了他的死是对侵略和残暴的抗争与唾弃,对生命与和平的热爱和坚守。

文天祥在狱中创作了著名的《正气歌》。什么是正气呢？文天祥在这首诗的序文中讲，他被俘以后，被囚于北方土牢中，土牢狭小而深，幽暗而闷。夏天时，土牢中有弥湿的"水气"、霉潮的"土气"、暴热的"日气"、燎火般的"火气"、食物败坏的"米气"、因人密集的"人气"，以及腐烂死物的"秽气"。七气相杂，对人非常有害，很少有人能够抵抗。文天祥是一个读书人，身体素来孱弱，但他在这样恶劣的囚牢中关了两年，却幸而无恙。为什么能这样呢？文天祥讲，这是因为自己有养所致。养什么呢？就是孟子讲的"浩然之气"。这个浩然之气，在孟子那里就是"集义所生"，就是仁义的凝聚培养成长起来的人的精神。

文天祥的精神是整个宋代儒学努力培植的结果。

《正气歌》开篇讲：

> 天地有正气，杂然赋流形。
> 下则为河岳，上则为日星。
> 于人曰浩然，沛乎塞苍冥。
> 皇路当清夷，含和吐明庭。
> 时穷节乃见，一一垂丹青。

文天祥认为天地之间有一股正气，它赋予大地山川河岳，赋予天空日月星辰。这股浩然之气，无处不在，无时不在。当国运清明太平时，禀受正气之人就为祥和的社会氛围与开明的朝廷政治努力；当时运艰难穷顿时，禀受正气之人会为了正义不避祸难，化作彪炳千秋的形象记录在历史中。开篇浩气横空，为全诗奠定了壮烈的基调。

接着，文天祥列举了不同时代可歌可泣的十二个典范，他们是：

> 在齐太史简，在晋董狐笔。

在秦张良椎，在汉苏武节。

为严将军头，为嵇侍中血。

为张睢阳齿，为颜常山舌。

或为辽东帽，清操厉冰雪。

或为出师表，鬼神泣壮烈。

或为渡江楫，慷慨吞胡羯。

或为击贼笏，逆竖头破裂。

这十二位志士分别是：齐国舍命持简记史的史官，晋国执义秉笔直书的董狐；秦朝为民除暴的张良，汉代牧羊守节的苏武；蜀国不畏强暴宁杀头而不降的严颜将军，晋朝以身护卫天子而血溅身亡的嵇康儿子嵇绍；唐朝安史之乱中咬碎牙而守城的睢阳太守张巡，城陷被俘痛骂安禄山而被割舌的常山太守颜杲卿；东汉戴黑帽以示清白、不愿同流合污而隐居辽东海城的管宁，蜀国撰写《出师表》为国鞠躬尽瘁死而后已的诸葛亮；东晋慷慨渡江击楫宣誓的祖逖，唐朝以笏斥击谋反的朱泚而被杀的段秀实。其实这些志士身上或秉公正直、威武不屈的精神，或不同流合污、坚守清白的品质，或救亡图存、恢复国土的追求，也是文天祥在不断践行的。

然后，文天祥总结道：

> 是气所磅礴，凛烈万古存。
> 当其贯日月，生死安足论。
> 地维赖以立，天柱赖以尊。
> 三纲实系命，道义为之根。

文天祥认为天地之间的这股正气磅礴有力，凛然不可侵犯，万古长存。当这股正气直冲云霄、贯通日月时，生命的意义已在其中，个人的生死已不足议论。大地因为这股正气得以维系，天柱因为这股正气得以挺立，人伦因为这股正气而存在，道义因为这股正气而有根本。

最后，文天祥感慨自己的遭遇，畅述自己的胸怀：

> 嗟予遘阳九，隶也实不力。
> 楚囚缨其冠，传车送穷北。

鼎镬甘如饴，求之不可得。
阴房阒鬼火，春院闭天黑。
牛骥同一皂，鸡栖凤凰食。
一朝蒙雾露，分作沟中瘠。
如此再寒暑，百沴自辟易。
嗟哉沮洳场，为我安乐国。
岂有他缪巧，阴阳不能贼。
顾此耿耿在，仰视浮云白。
悠悠我心悲，苍天曷有极。
哲人日已远，典刑在夙昔。
风檐展书读，古道照颜色。

　　文天祥置身北方土牢，国难当头，却无力回天，感慨万千。虽受鼎镬之刑，他却甘之如饴，为国捐躯，求之不得。牢房内大门紧闭，昏暗潮湿，环境恶劣，一旦染上疾病，那自然葬身沟壑。可这样阴暗低湿的土牢，竟然成了文天祥的安乐窝。究竟有什么奥妙，让寒暑冷暖戕害不了他？因为他丹心永在，富贵于他如浮云。先贤们虽远离他而去，但他们的榜样精神永在。展读记载先贤言行的书籍，古人的光辉照亮他前行。文天祥靠着心中的正气，承受住了这些肉体上的折磨和考验，坦然面对命运。而这些力量是从那些饱含正气的先贤身上吸取来的，他们一直在鼓舞文天祥，给予他精神力量。

《正气歌》情感深沉，气壮山河，表现了文天祥的忠肝义胆、铮铮铁骨。诗文在赞扬先烈的同时，展现了作者崇高的民族气节和伟大的爱国主义精神，成功塑造了一个深受宋代儒学浸润、正气凛然的士大夫形象。

何　俊